KB200487

하나님, 살리시든지 데려가든지 하세요!

원주민보다 더 가난하던 선교사 부부의 아프리카 선교 이야기

하나님,
살리시든지 데려가든지
하세요!

박상원

규장

약한 자를 사용하시는
하나님의 사랑과 성령님의 역사

오직 성령이 너희에게 임하시면 너희가 권능을 받고 예루살렘과
온 유대와 사마리아와 땅끝까지 이르러 내 증인이 되리라 행 1:8

선교는 다른 문화권에서 다른 언어를 사용하는 사람에게 예수 그리스도의 복음을 전하여 그를 구원의 자리로 나아오게 하는 것이다. 그러나 내가 한국을 떠나 아프리카에 가게 된 건 그런 귀한 목적을 품어서가 아니었다. 나는 복음이나 선교가 무엇인지, 무엇을 위해 가야 하는지도 전혀 모르고 갔다.

독일로 연수를 떠난 남편은 복음을 받아 주님을 영접하고 영국에서 신학까지 한 후 아프리카에서도 가장 가난한 나라, 말라위 선교사로 헌신했다. 나는 그곳이 '아프리카의 스위스'라고 불릴 만큼 아름다운 곳이라는 남편의 말만 믿고 어린 아들을 데리고 긴 여정에 나섰다. 단지 10년 동안 떨어져 있던 가족이 함께 살고 싶은 마음에서였다.

그러나 현지에 도착하니 낯선 문화와 환경, 열악한 상황 속에 극심한 가난과 배고픔, 외로움이 기다리고 있었다. 남편을 원망하며 자주 다투다 가정은 파탄 직전까지 이르렀다. 어느 날, 심한 질병으로 사경을 헤매다 예수님을 만나는 체험을 하고 거듭나서 그 후로 남편 김종양 선교사의 사역에 동역자로 함께하게 되었다. 돌이켜보니 이 모든 것이 하나님의 계획하심과 은혜의 시간이었다.

아들이 미국에서 목사안수를 받으면서, 선교사인 부모님이 너무 많이 싸우는 모습을 보며 주의 종이 되지 않겠다고 결심했는데 하나님께서 자기를 주의 종으로 부르셨다고 간증했다. 하나님의 부르심에 순종하는 아들이 자랑스러운 한편, 선교사 부부가 아들 앞에서 본이 되지 못한 것이 부끄러웠다.

2019년 11월 2일, 나는 한국 오륜교회의 다니엘기도회에서 간증한 후에 비행기 시간에 쫓겨서 아프리카로 급히 귀국했다. 그리고 얼마 후에 규장출판사로부터 간증집을 내자는 제안을 받았다. 사실 그에 앞서 우리와 복음 전파 사역을 해온 원주민 동역자들이 선교 현장에서 하나님의 인도와 축복을 받은 간증을 기록하고 아프리카 여러 나라 현지어로 번역하여 널리 알리고 싶다고 요청한 바 있었다.

그러나 나는 계속 망설였다. 선교사 부부가 그렇게나 싸웠던 간증이 자랑거리도 아닐뿐더러 간증은 듣고 잊히겠지만 활자화

되어 책으로 나온다는 것은 다른 얘기였기 때문이다. 이를 두고 남편과 기도하면서 하나님의 뜻을 구하는 중에 오랫동안 독일에서 아프리카 선교를 후원해 온 이금숙, 정숙재 집사님 내외에게 자문했다. 파독 간호사로서 지금은 작가로 활동하는 이 집사님이 우리가 선교 초창기부터 보낸 선교 편지를 모아 놓았는데 그것을 엮어서 책자로 만들면 좋겠다고 했다(그후 감사하게도 선교 편지를 부드럽게 교정하여 책으로 만들어 보내주었다).

그 말을 듣고 우리는 약 37년의 아프리카 선교 생활 속에 담긴 하나님의 크신 사랑과 성령님의 역사로 이루신 놀라운 선교 열매와 내력을 기록으로 남기기로 결심했다. 이 한 권의 책이 신학생과 선교사 지망생에게 큰 도움이 되기를 바라고, 무엇보다 독자들도 나처럼 고난 중에 예수님을 깊이 만나는 체험을 하여 주님이 원하시는 사명의 자리로 나아가기를 간절히 기도한다.

이 책이 나올 수 있도록 도움을 주신 이금숙 집사님, 규장의 여진구 대표님과 편집팀에 감사드린다. 할렐루야!

고난당한 것이 내게 유익이라 이로 인하여 내가 주의 율례를
배우게 되었나이다 시 119:71

2022년 3월 박상원 선교사

프롤로그

PART 2 그들을 위해 매일 부르짖어라

3장 환난과 축복의 시간

4장 공급하고 보호해주시는 하나님

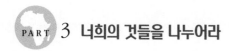

PART 3 너희의 것들을 나누어라

5장 위험과 위협을 넘어서

6장 전부를 드리는 삶

PART 1

내가
너희를 아프리카로
불렀다

1장
아프리카의 알프스로 가다

청천벽력 같은 소식

나는 예수를 믿지 않는 가정에 태어나 자랐고, 또 예수를 믿지 않는 남편을 만나서 결혼했다. 남편은 나이에 비해서 꿈이 참 컸다. 돈을 엄청 많이 벌겠다고 했고, 정치에도 꿈이 있었다. 그런데 하던 사업이 잘 안 되자 1976년 3월에 독일 국비장학생으로 연수 교육을 받으러 갔다. 좋은 기회로 가게 되어 늘 자랑을 했고, 내 친구들도 부러워했다. 그해 9월에 나는 한국에서 남편도 없이 혼자 아들 학수를 낳았다.

그런데 남편이 독일에 간 해에 주님을 영접하고 편지로 나를 전도하기 시작했다. 남편의 편지를 보신 친정아버지가 "김 서방이 이제 예수쟁이가 다 됐네"라고 하셨다. 나는 "외국에 살아서 그럴 거예요. 돌아오면 괜찮아질 거예요"라고 했다. 반면 친정어머니는 처녀 때는 교회에 다니셨지만 결혼한 후에는 완고한 남편 때문에 못 다니셨기 때문에 사위가 예수를 믿게 된 것을 너무나 좋아하셨다.

"김 서방이 너무 잘하는 거야. 이다음에 아버지가 돌아가시면 우리 다 예수 믿고 제사도 없애자."

어머니의 말을 들으면서도 나는 교회에 가라고 계속 편지하는 남편이 탐탁지 않았다.

그러던 어느 날, 아들이 간신히 걸음마를 뗄 즈음이었다. 다리미로 옷을 다리다가 세워두고 잠깐 주방으로 가스불을 끄러 가는데 등 뒤에서 아이의 비명이 들렸다. 아이가 다리미에 다리를 덴 것이었다. 놀라서 아이를 안고 병원으로 뛰어갔다.

'남편이 교회에 가라고 했는데 가지 않아서 이런 일이 있나….'

화상 처치를 받고 집으로 돌아오는데 두려운 생각이 들었다. 마침 그날이 수요일이었는데 동네 교회의 종소리가 들렸고, 그 소리를 따라 나는 교회에 가기 시작했다. 대개 아내가 먼저 주님을 영접한 후에 남편을 전도하는데, 우리 가정은 반대로 남편이 먼저 영접하고 나를 전도했다.

나는 남편이 연수를 마치면 귀국하여 가족이 함께 행복하게 살 거라고 생각했다. 그런데 교육 기간이 끝날 즈음 남편에게서 "하나님께서 나를 부르셔서 신학을 해야겠다"라는 편지가 왔다.

청천벽력 같은 소식이었다. 남편은 독일에서 신학 공부를 한 후에 "하나님이 원하시는 곳으로 가기 위해 영어로 더 공부해야겠다"라며 영국에 가서 또 신학 공부를 한다고 했다.

그동안 나는 나름 신앙생활을 잘한다고 여기며 '나는 참 착한 하나님의 딸이다'라고 생각해왔지만 남편의 연락을 받고는 교회에 가서 울며 하나님께 따졌다.

"하나님, 저는 못 해요! 일할 사람이 많은데 왜 우리를 이렇게 피곤하게 하세요. 다른 사람을 데려다 쓰세요."

그러면서도 새벽기도도 나가고, 열심히 교회에 다녔다.

아들이 세 살쯤 되었을 때였다. 갑자기 기도원에 가서 기도하고 싶은 생각이 들었다. 친정아버지는 여전히 내가 교회에 가는 것을 좋아하지 않으셔서 친구네 간다고 하고는 아들을 데리고 오산리 기도원으로 가서 3일 금식기도를 하고 돌아왔다. 그런데 며칠 후에 어머니가 내게 물으셨다.

"너, 친구 집이 아니라 기도원에 갔다 왔지?"

"아니?"

"예수 믿으면서 왜 거짓말을 해?"

"……"

"내가 어떻게 아는지 아니? 밤에 자려고 이부자리만 깔면 학수가 이불을 뒤집어쓰고 들어가서 '아버지! 아버지!'라고 해. 늬 아버지는 아무것도 모르시니까 '애가 지 애비를 왜 이렇게 찾아?'

라고 하시고."

어린 아들이 할아버지와 할머니 앞에서 기도원에서 내가 하는 걸 보고 그대로 따라 했던 모양이었다. 당시 아빠 얼굴을 한 번도 못 보고 자란 아들이 갑자기 그러니까 친정아버지가 의아하게 여기셨다.

스위스로 이민 가십니까?

"우리 어쩌면 아프리카에서 가서 살게 될 것 같아."

1984년, 해외로 간 지 8년 만에 돌아온 남편의 말에 나는 펄쩍 뛰었다.

"이렇게 오랫동안 나를 혼자 놔두고서 지금 와서 아프리카라니요? 한국에 와서 살든지 나를 유럽으로 데려가요!"

남편은 그다음부터 아무 얘기도 하지 않았다. 그래서 그가 아프리카 선교를 포기한 줄만 알았는데 어느 날 밤에 다시 그 얘기를 꺼냈다.

"예수를 믿는 여자들의 가장 큰 소망은 남편이 주의 일을 하는 것이고, 남편이 주의 일을 한다고 하면 어떠한 희생도 각오하고 헌신을 하고 그러는데 당신은 왜 그렇게 기쁨이 없어?"

"하기 싫으니까."

그렇게 대답해놓고 나는 절대 못 하는 사람이라고 못을 박았다.

"나는 그만큼, 그렇게 인내심이 많은 것도 아니고 마음이 넓지도 않고 나는 못 하니까요. 못하는 걸 억지로 어떻게 해요?"

그러자 남편은 "아, 하나님…. 제가 기도를 많이 해야 되겠습니다" 하더니 더는 그 얘기를 하지 않았다.

당시 지방에 살던 둘째 시누이가 오랜만에 오빠를 보겠다고 딸과 함께 서울에 왔다. 시누이에게는 학수와 동갑인 딸이 있었는데 그 아이가 몸이 많이 약해서 남편은 함께 오산리 기도원에 가서 금식기도를 하자고 제안했다. 그래서 3일 금식을 작정하고 우리 부부와 아들, 시누이와 딸이 함께 기도원에 갔는데 이상하게 예전에 혼자 와서 할 때 같지 않게 내 마음이 강퍅해지고 빨리 내려가고만 싶었다.

'내가 여기 괜히 왔나….'

이런 생각을 하며 다 같이 기도원 본당을 향해 가는데, 흰 모자를 쓴 분이 앞에 서고 그 뒤에 많은 사람이 따라 올라오는 게 보였다. 우리는 그들에게 길을 내주려고 한쪽으로 피했는데, 제일 앞에 서신 분이 나를 보고는 기도를 해주겠다고 하셨다.

그래서 내가 시누이의 딸을 가리키며 "이 애가 아파서 왔으니 기도해주세요"라고 했다. 그 분은 아이를 쳐다보더니 "어머니가 기도를 많이 해야겠네"라고 하시고는 내 머리에 손을 얹고 안수 기도를 한 후에 말씀하셨다.

"하나님이 쓰실 것이니 기도 많이 하세요."

옆에 있던 남편이 "감사합니다"라고 공손히 인사를 했다. 나는 속으로 생각했다.

'하나님이 나를 쓰신다고? 아니, 이 사람은 그게 뭐가 감사하다는 거지?'

그 분이 지나가신 후에 남편이 내게 말했다.

"저분이 바로 최자실 목사님이야. 할렐루야 아줌마!"

당시 나는 최 목사님이 어떤 분이며 얼마나 유명하신지 잘 몰랐다가 나중에 목사님의 소천 기사를 보고서야 자세히 알게 되었다.

3개월이 지나자 남편은 영국으로 되돌아갔다. 또 편지만 몇 번 오가다가 어느 시점부터인가 영국으로 편지를 보내면 반송되어 왔다. 가슴이 철렁 내려앉았다. 연락할 방법도 없이 몇 달이 지났는데, 드디어 편지가 왔다. 아프리카 말라위에서….

하나님이 나를 아프리카에 오게 해주셨어. 이곳 말라위는 아프리카 대륙에서 가장 아름다운 나라야. 사람들이 '아프리카의 알프스'라고 부르지.

남편의 편지가 되돌아올 때는 마음이 불안하고 무서웠는데 이렇게 아프리카에서 편지가 오니까 '아, 내가 아내인데 나는 남편의 의논 상대가 되지 않는구나' 하는 마음에 부끄럽기도 하고, 어이가 없기도 해서 처음에는 답장을 못 했다. 그러는 동안에 시간이 자꾸 흘렀고, 남편은 한 달에 한 번 정도씩 계속 편지를 보내왔다.

나는 너무나 아름다운 이곳에서 정말 행복한데, 단 한 가지 가족이 없어서 쓸쓸하네. 내가 당신과 아들을 초청할게. 초청장과 비행기표를 보내줄 테니 모든 준비를 다 끝내고 기다리고 있어.

이런 편지를 몇 달 동안 계속 받으니 어느샌가 내 마음이 스르르 녹았다.

'그래, 공의의 하나님이신데, 설마 나 혼자 이렇게 오랫동안 살게 하시고 또 고생을 시키시겠어!'

그리고 남편과 떨어져 산 지 약 10년쯤 되다 보니 사람들이 자꾸 물어보는데 대답하기도 힘들고, 이렇게 마음고생하며 사느니 아프리카보다 더한 곳이라도 가서 이제는 남편과 살아보고 싶기도 해서 나는 말라위로 떠날 결심을 하고 준비를 시작했다.

당시 초등학생이던 아들의 재학증명서를 떼러 학교에 갔는데 담임선생님이 나를 보더니 "어머니, 스위스로 이민 가십니까?"라고 물으셨다.

"네? 스위스요? 아닌데요."

"학수가 학교에만 오면 '우린 알프스로 간다'라고 자랑을 하던데요?"

"아, 네…. 그게 아니고요, 우리가 선교사 가족인데 하나님께서 알프스 같은 아름다운 곳으로 부르셔서 갑니다."

혹시 저 사람이 아빠니?

나는 모든 준비를 마치고 비행기표와 초청장이 오기를 기다리는데 오히려 남편 쪽에서 시간이 좀 걸렸다. 기다리다가 "비행기표는 내가 사서 갈 테니 초청장만 빨리 보내줘요"라고 편지를 보냈더니 얼마 후 남편이 이런 답장을 보내왔다.

그동안 내가 당신과 아들에게 너무나 해준 게 없으니, 비행기표는 꼭 내 손으로 보내줄게. 그리고 비행기표 살 돈이 있으면 모두 현금으로 가져와요.

얼마가 더 지나, 기다리던 비행기표를 받고 한국을 떠나서 아프리카로 향했다. 김포공항에 시댁과 친정 식구들이 모두 나와

배웅을 했다. 순간, 나는 슬픈 마음이 들었다.

'이렇게 꼭 아프리카로 떠나야 하나…. 남편이 뭐라고 저들을 다 두고 가는구나.'

친정아버지가 눈물을 흘리며 "내가 이제 너를 살아서는 못 볼 것 같다"라고 하셨는데 몇 년 후 아버지가 지병으로 세상을 떠나서서 정말 그날이 아버지를 뵙는 마지막 날이 되었다.

당시 나는 국제선 비행기를 처음 탔다. 말라위까지 가는데 거의 일주일이 걸렸다. 남편이 가장 싼 비행기표를, 더구나 직항이 아니라 여러 번 경유해서 가는 비행기표를 사서 보냈기 때문이었다(나중에 알고 보니 비행기표도 남편이 아니라 남편의 신학교 선배로 런던시 선교회를 섬기는 랄프 브로크만[Ralph Brockman] 선교사님이 구입하여 보내주신 것이었다고 한다).

영국에서 비행기를 갈아타기 위해 며칠 기다리는 동안 신학교에서 남편과 가장 친했던 한 전도사님을 만났는데, 어느 날 같이 기도하다가 그가 말했다.

"김 선교사님이 마른 빵만 드시고 있대요."

내가 말했다.

"아, 아프리카는 잼이 없나 보네요."

전도사님이 어이없는 표정으로 말했다.

"왜 잼이 없겠습니까? 돈이 없으시겠지요."

순간, 가슴이 덜컥 내려앉았다.

'남편이 모든 게 다 준비됐으니 몸만 건강하게 오라고 했는데, 이게 무슨 소리지?'

 1986년 6월, 정말 힘들게 아프리카 말라위 릴롱궤(Lilongwe)공항에 도착했다. 그런데 마중을 나와 서 있는 사람 중에 남편이 보이지 않았다. 그 대신 저 뒤에서 어떤 아시아 사람이 자꾸 우릴 보고 손을 흔들어서 아들에게 물었다.

"학수야, 혹시 저기 손 흔드는 사람이 아빠니?"

아들이 고개를 저으며 말했다.

"아니!"

그런데 그가 남편이었다. 2년 전, 한국에 왔을 때 체격도 좋고 얼굴에 윤기가 흐르던 모습은 온데간데없고 새까맣게 탄 얼굴에 몸은 거의 뼈만 남아서 아들이 아버지를, 아내가 남편을 몰라보는 지경이 되어 있었다. "선교사님이 마른 빵만 드시고 있대요"라던 전도사님의 말이 귓가에 맴돌고 아무 말도 할 수가 없었다.

도착한 날은 공항 부근 호텔로 갔다. 남편이 바지를 벗어놨는데 그 바지 허리춤에 구멍이 6개가 뚫려있었다. 살은 빠지는데

벨트를 살 돈이 없으니까 못으로 구멍을 뚫어서 입고 다닌 것 같았다. 그것을 보면서 날이 밝도록 한잠도 못 잤다.

다음날 남편이 8개월 동안 머물던 곳으로 우리를 데려갔다. 수도에 있는 공항에서 경비행기를 타고 가니 원주민 목사님들이 기뻐 뛰면서 우리를 맞았다.

"우리는 김 선교사님을 아버지처럼 생각하고 있습니다. 그동안 아버지가 너무나 외롭고 쓸쓸하게 살았는데, 이제 어머니가 오셔서 너무 좋습니다."

많은 사람이 나와서 우리를 반기며 막 끌어안았다. 나는 껴안는 문화에 익숙하질 않아서 힘들고 어려웠다. 그리고 남편이 머무는 곳에 가보고는 차마 말을 할 수가 없었다. 열 살 된 아들이 방에 들어갔다가 도마뱀과 바퀴벌레들을 보고 놀라서 뛰어나왔다.

'아, 이런 집에 살면서 아프리카의 알프스라고 우리를 부르다니…'

나는 너무나 가슴이 미어지는 것 같아 할 말을 잃었고, 충격으로 실어증에 걸려 얼마간 말을 하지 못했다.

사람고기를 먹는 사람

남편이 머물던 곳은 우리 집이 아니라 원주민 집사님의 집이었다. 그곳에 이제 나와 아들까지 우리 세 식구가 얹혀살아야 했다. 그 집에는 여섯 아이가 있었는데 그들 가족 여덟 명에 우리 가족 셋까지 모두 열한 명이 두 달 넘게 함께 살았다.

집주인 집사님이 아침과 점심에는 빵을 주고 저녁에 밥을 해 줬다. 다 같이 둘러앉아서 밥과 짭짤하게 익힌 콩을 먹고, 일주일에 한 번 정도는 염소고기나 닭고기 한 토막을 먹었다. 고기를 먹다가 남편이 말했다.

"처음에 이 집에 와서 지내는데 황당한 일이 있었어. 내가 이 집 다섯 살짜리 막내아들을 안고 옆집에 일이 있어서 가는데 뒤에서 웅성거리는 소리가 나는 거야. 돌아보니까 청년들 몇십 명이 몽둥이를 들고 나를 쫓아오더라고."

"아니, 왜?"

"애를 당장 내려놓으라고."

"납치라도 하는 줄 알았나?"

"응, 중국인들이 사람고기를 먹어서 중국인만 지나가면 마을에 애가 하나씩 없어진다는 괴상한 소문이 돌았나 봐. 당시 나를 그런 중국인이라고 오해를 해서…. 하하하."

남편은 웃으며 말했지만 나는 가슴이 아팠다. 그동안 얼마나 어려운 상황에서 일했는지 짐작이 되었다.

'왜 하나님은 하필 이런 아프리카로 보내셨을까?'

남편은 독일에서 신학을 공부하는 동안 아프리카 선교사로의 부르심을 알게 되었고, 그래서 오랫동안 아프리카 원주민선교를 주관해 온 선교단체가 많은 영국으로 갔다.

영국 신학교(The Bible College of Wales)에서 공부하는 동안 에도 하나님께서 아프리카 선교를 향한 뜨거운 열정을 지속적으로 부어주셨지만, 사실 그는 아프리카에 대해 아는 게 별로 없었다. 아프리카는 날씨가 뜨겁고 가난하고 미개한 나라들이며, 야생동물과 전염병과 풍토병의 위험이 있어서 사람 살기에 무척 힘든 곳이라는 생각만을 막연하게 갖고 있었다.

아프리카로 가서 선교하라는 소명을 받았지만, 남편은 영어도 잘하지 못했고 아프리카 원주민선교를 물질적으로 후원해줄 교회나 동역자도 없었다. 그리고 뜨거운 날씨도 전혀 좋아하지 않는 사람이라 육적인 생각으로는 한없이 주저하는 마음이 들었지만 하나님의 영이 강권적으로 역사하셨다고 한다.

더욱이, 영국 내에서 제일 큰 아프리카 선교단체 두 곳에 선교사 신청을 했지만 면접에서 불합격했다. 두 군데 다 같은 이유였는데 영어를 잘하지 못하고, 선교비 후원금이 너무 적으며, 방언을 하기 때문이라고 했다. 남편은 하나님을 기쁘시게 하는 일이라면 일사천리로 이루어질 줄 알았는데 불합격이라는 통보를 받고 많이 실망하고 있었다고 한다.

그 후 남편은 독일로 가서 독일 의대에 유학 중이던 John Paul이라는 콩고 학생의 집에 사흘간 머물며 3일 금식기도를 하던 중 이러한 하나님의 음성을 듣고 다시 한번 소명을 확인했다.

'영국 선교단체를 통해 선교사로 가려 하지 말고 혼자 직접 아프리카에 선교사로 가라. 내가 너와 같이 가서 너와 함께 일하겠다. 너는 아프리카에서 선교단체를 만들어서 너처럼 가난하고, 영어도 잘 못 하고, 성령 충만한 선교사들을 도우라. 원주민들을 복음으로 깨우치고, 그들을 사명감과 성령으로 충만한 선교사들로 양성하라.'

금식을 마친 후 영국에 돌아오니 말라위의 원주민 목사님으로부터 말라위 선교사로 초청한다는 답장이 와 있었다고 한다.

남편은 개척의 은사가 있어서 가는 곳마다 교회를 많이 세웠다. 아프리카 사람들과 같이 일하려면 모든 것을 다 해줘야 했다. 차비도 주고 먹을 것도 주어야 간단한 심부름이라도 시킬 수 있다고 했다. 그러니 늘 돈이 필요했고, 마른 빵만 먹고 지낼 수밖에 없을 정도로 궁핍했던 거였다.

날마다 오는 사람들

"내가 바빠서 좀 나가야 하니까 혹시 한국에서 돈 갖고 온 거 있으면 다 내놔 봐."

내게서 돈을 받아 간 남편은 깜깜해서야 들어왔다. 그런 생활이 한동안 계속되었다. 집주인 집사님과 대화도 안 되고, 집에만 있는 것이 너무나 답답해서 내가 "나도 밖에 좀 데리고 나가요. 집안에만 있는 게 너무 힘들다고요"라고 불평하면 남편은 이렇게 대답했다.

"여기는 귀신 들린 사람들이 많아서 여자와 아이가 돌아다니면 위험해."

그렇게 지내다 단 하루, 주일날만큼은 예배드리러 가족들이 다 같이 나갔다. 비록 만원 버스를 타야 했고, 버스를 타면 아기들이 우리를 보고 울어대서 아들이 "내가 자기들을 무서워해야지 왜 자기들이 나를 무서워해?" 하고 어이없어했지만 그래도 나는 그 시간이 너무나 행복했다.

두 달쯤 흐른 어느 날, 남편이 "내일은 대궐 같은 우리 집으로 이사 갈 거니까 짐 다 싸놓고 자"라고 말했다. 나는 속으로 코웃음을 쳤다.

'아니, 알프스라고 부른 곳이 이곳인데, 대궐은 또 무슨 대궐이야?'

다음날 택시를 타고 이사를 했다. 두 달 동안 남편은 내가 가져간 돈으로 옷공장의 창고로 쓰던 곳을 빌려 수리했다고 했다. 간신히 집의 형체를 갖춘 곳이었지만 나는 우리 가족만 지낼 수 있어서 좋았다. 또 전에는 버스 노선 중간이라 만원 버스를 타야 했는데 이제는 버스 종점에서 타게 되니 교회에 갈 때 편해져서 그것도 좋았다.

그런데 이사한 다음 날부터 교인들이 우리 집에 오기 시작했다. 아침부터 와서 아침과 점심을 먹고, 집에 먹을 것이 떨어지면 갔다. 남편은 날마다 시장에 가서 그날 먹을 것 - 아침과 저녁에 먹을 빵과 점심에 먹을 쌀만 사다 주었는데 그들은 우리 가족이 저녁에 먹을 것도 남기지 않고 다 먹고 갔다.

교인들이 너무나 많이 오니까 음식이 항상 모자랐다. 처음에는 모자라도 그러려니 하고 함께 먹였는데 한 달이 넘도록 그러니까 아이도 계속 배고파했고 나도 배가 고팠다. 이제는 남편뿐 아니라 나와 아들까지 온 식구가 다 깡말라 버렸다. 그래서 하루는 남편에게 물었다.

"교인들이 언제까지 우리 집에 와요?"

"그 사람들은 당신을 영적인 어머니로 여기고 좋아서 오는 건데, 어떻게 그런 말을 하나!"

'내가 영적인 어머니라고?'

나는 그런 얘기를 듣는 게 정말 부끄럽고 싫었다.

어느 주일, 그들이 왜 우리 집에 오는지 알게 되었다. 남편이 설교를 마치고 광고 시간에 이렇게 말하는 것이었다.

"이제는 내 아내와 아들이 왔습니다. 그동안에는 당신들이 날 먹여주었지만 이제는 내가 당신들을 먹일 차렙니다. 누구든지 배고프고 목마른 사람은 다 우리 집으로 오세요."

처음에는 그들 말을 못 알아들으니까 잘 몰랐는데 어느새 귀가 열려 그 말을 알아듣게 되니 예배 시간이 너무 힘들어졌다.

사실 나도 예배 시간에는 은혜받고 회개를 했다. 학교 교실을 빌려 예배를 드리는데 우리 교인들은 돈이 없어서 한두 시간을 걸어서 교회에 왔다. 비가 오면 비를 다 맞고, 교회 앞에 와서 옷을 벗어 짜서 입곤 했다. 그리고 모든 사람이 무릎 꿇고 앉아서 두 손을 들고 기도했다.

"하나님, 사랑합니다. 하나님, 감사합니다. 오늘도 내가 아버지 집에 올 수 있어서 감사합니다. 교회에 올 수 있도록 인도하신 하나님을 찬양합니다."

그리고는 일어나서 춤을 추면서 하나님을 찬양했다. 그들은 나를 영적인 어머니로 부른다지만 나는 오히려 성령충만한 그들이 내 영적인 부모 같았다. 가슴에 불만이 꽉 차서 강퍅해져 있던 나였지만, 교회에 가서 그런 그들의 모습을 보면 너무 부끄러워 마음이 녹고 회개가 됐다.

'하나님, 저들은 저렇게 신앙심이 좋은데, 저는 왜 이런가요? 정말 가난한 저들도 저렇게 기뻐하는데, 왜 저는 기쁨이 없나요? 하나님, 제게 기쁨을 주시고, 저 사람들처럼 하나님만 뜨겁게 사랑하는 마음을 주세요. 환경을 바라보지 않게 해주세요."

그렇게 눈물 흘리며 기도했지만 그때뿐이었다. 예배드릴 때, 남편이 말씀을 전할 때는 은혜를 받다가도 광고 시간이 되면 시험에 빠졌다. 그래서 버스를 타고 올 때마다 싸웠다. 아무도 못 알아듣는 한국말로 남편을 원망했다.

참다못한 남편이 말했다.

"당신, 몇 시간 전에는 '주님 뜻대로 살겠습니다. 나를 써주세요'라고 기도하더니 지금 뭐 하는 거야?"

"왜 그들을 자꾸 초대해요? 초청 안 해도 오는 건 할 수 없지만, 배고프고 목마른 사람을 왜 찾냐고요? 당신 옆을 봐요. 아들하고 내가 제일 배고프고 목마른 사람이라고요!"

남편이 날마다 먹을 것을 사다 주는데 그나마 주일에는 가게가 다 문을 닫았다. 버스에서 내리면 길에 바나나를 수북이 쌓아놓고 파는 게 보였다. 주일 아침은 금식하고 교회에 가고, 점심과 저녁은 그 바나나로 때웠다. 저녁에 바나나를 먹고 물을 마시고 누우면 눈물이 하염없이 흘러내렸다.

내 마음에 불평이 가득하니까 선교사의 가정이 기도하는 가정이 아니라 날마다 싸우는 가정이 되었다. 교인들이 나를 영적인 어머니로 여긴다고 하니 그들이 있을 때는 얌전히 참고 있다가 가고 나면 남편에게 싸움을 걸곤 했다.

아들이 "엄마, 배고파"라고 하면 내 마음이 순식간에 마귀같이 변해서 남편에게 소리를 질렀다.

"당신은 저 소리가 안 들려요? 애가 너무 배고프다잖아요!"

집에 사람들이 있을 때는 가만히 있다가 가고 나면 싸우자고 드니 남편이 교인들에게 더 놀다 가라고 붙잡았다. 그 모습을 보다 못해 내가 말했다.

"아휴, 사람들이 가도 가만히 있을 테니까 그만 좀 붙잡아요!"

철없는 선교사 아내에게 주신 계란

어느 날, 집에 누가 찾아와 문을 두드렸다. 누구냐고 물으니 한국말로 "여기가 김종양 선교사님 댁입니까?"라고 했다. 오랜만에 듣는 모국어에 깜짝 놀라서 내다보니 한국인 부부가 나란히 서 있었다. 물리치료사인 그들은 독일 선교회에서 전문인 선교사로 파송되었으며, 남편 이경화 선교사는 말라위 원주민 장애인들을 치료하고 훈련하는 재활원 원장으로 근무한다고 자신들을 소개했다.

우리는 반갑게 그들과 교제했고, 얼마 후 그 가정에 초대받아 갔다. 아프리카에서는 다 우리처럼 사는 줄 알았는데 그들은 정말 알프스에 살고 있었다. 부부도 참 화목해 보였다.

아내인 신종희 사모님이 음식을 준비하고 있어서 나도 부엌에 가서 도왔다. 그러다가 그 분이 냉장고를 열었을 때 그 안에 계란과 우유가 수북이 쌓여있는 것을 보게 되었다. 그것을 보자 내 가슴이 덜컥 내려앉았다.

'우리 아들에게도 저걸 좀 먹였으면….'

아들에게 매일 계란 한 개와 우유 한 컵을 먹이고 싶은 마음이 불같이 일어났다. 아들이 "엄마, 나 배불러. 그만 먹을래" 하는 소리 좀 듣고 싶었다. 그 집에서 밥을 잘 먹고 돌아와서 남편에게 말했다.

"여보, 얘기 좀 해요."

"무슨 얘기를 또 해? 당신은 얘기만 하면 싸우자고 드니 할 필요 없어."

"아니, 오늘은 내가 할 얘기가 있어. 여기도 계란과 우유가 있더라고."

"당신, 그런 바보 같은 소리를…. 길에 다니면서 닭도 보고 소도 봤지. 그런데 왜 우유랑 계란이 없겠어?"

"나는 없는 줄 알았지. 그러면 우리도 학수한테 계란과 우유를 좀 먹여요."

아들에게 계란 한 개, 우유 한 컵 먹이자는 얘기에 남편은 대답을 안 했다. 아니, 들은 체도 하지 않았다. 그래서 나도 그 대답을 들을 때까지 계속했다. 결국 눈 감고 자는 척만 하던 남편이 벌떡 일어나 앉으며 말했다.

"당신, 여기 뭐하러 왔어? 무슨 신분으로 왔고, 누구의 아내로 왔냐고. 나는 선교사이고, 내 아내인 당신도 선교사로 온 거야. 그까짓 계란 하나, 우유 한 컵이 뭐 그리 소중해서 잠도 못 자게 난리를 치는 거야. 그래도 우리 애는 원주민 아이들보다 더 잘 먹잖아. 이렇게 살다가 하나님이 부르시면 어떻게 하나님 앞에 갈래? 부끄럽지 않아?"

그 말을 들으니 내 마음이 더 강퍅해졌다.

"나는 안 부끄러워요! 계란 한 개, 우유 한 컵도 먹이지 못하는 게 선교사 생활이라면 나 선교사 포기할 테니까 나를 한국으로 보내줘요. 이러려고 비행기 편도 표 사서 보낸 거예요? 내가 사오게 됐으면 왕복 비행기표를 사서 난 벌써 돌아갔을 거예요!"

그렇게 우리는 밤새 싸웠다. 다음날부터 남편은 나와 눈도 안 마주치고 피해 다니다가 슬그머니 내 옆에 앉아 기도했다.

"하나님, 세상에 착하고 예쁜 여자도 많은데, 왜 저런 여자를 만나게 하셨습니까? 하나님이 데려가시든지 변화시키든지…."

나도 화가 나서 옆에 같이 꿇어앉아 기도했다.

"하나님, 무슨 목사가 저렇게 거짓말을 잘해요? 여기가 무슨 알프스인가요?"

싸우고 말도 안 하고 지내던 중에 남편이 팔룸베라는 지역의 부흥회에 말씀을 전하러 갔다. 오고 가는 시간도 많이 걸리는 곳이라 사흘 동안 나는 아들과 둘이 있었다. 서로 말도 안 하고 지냈지만 남편이 없으니까 무섭고 허전했다. 사흘이 지나자 남편이 손에 무언가를 잔뜩 들고 왔다.

"이게 다 뭐예요?"

"나도 몰라. 한번 열어봐."

열어보니 계란이 가득 들어있었다. 세어보니 80개나 되었다. 원주민 목사님이 집에서 닭을 키우는 사람은 누구든지 선교사님이 돌아가실 때 계란을 선물로 드리자고 했다는 것이었다.

팔룸베 지역은 너무나 가난해서 계란 한 개도 정말 귀했다. 그들이 우리에게 계란이 필요한 것을 어떻게 알았을까? 하나님께서 철없는 선교사 아내가 하도 계란 타령을 하니까 그 가난한 사람들의 마음을 감동시켜서 계란을 주신 것이었다.

네가 거듭나야 하겠다

그 계란을 아들에게 먹이는 동안은 남편과 한 번도 싸우지 않았는데 계란이 떨어지니까 또 싸우기 시작했다. 그즈음 나는 하나만 걸려도 힘든 황달과 말라리아에 걸려 거의 죽을 지경이 되었다. 나중에 듣기로는 의사도 포기하고 살기 힘들 거라고 얘기했다고 한다. 아마도 하나님께서 "너는 안 되겠다" 해서 나를 병으로 치신 것 같다.

너무 심하게 아파서 나는 정말 죽을 것 같았지만 그런 중에도 조금만 기운이 있으면 남편에게 이렇게 으름장을 놓았다.

"혹시 여기서 내가 죽으면 여기에 묻지 말고 돈이 아무리 들어도 한국에 데려다 묻어줘요. 여기다 묻기만 하면 가만 안 둘 거예요."

그러면 남편은 "당신, 안 죽어, 안 죽어" 하면서도 '내가 괜히 데려왔구나' 하고 가슴이 아파서 많이 울었다고 한다.

어느 날 밤, 피곤과 허기에 지쳐 잠든 남편을 깨워 아파서 죽을 것 같으니 나를 위해 기도해달라고 했다. 남편이 손을 내밀어 기도해주고는 빨리 자라고 했다. 남편도 일어나지 못할 만큼 너무 지쳐 있었던 것이다.

아파서 그대로 도저히 잘 수가 없어서 '죽더라도 기도하다 죽어야겠다' 하고는 방 밖으로 나와 시멘트 바닥에 엎드려서 울면서 기도했다.

"하나님, 저를 살려주시든지 데려가시든지 하세요. 너무 아프고 힘들어서 이 땅에 살기 싫어요."

그런데 갑자기 음성이 들렸다.

'사랑하는 내 딸아.'

처음에는 그게 무슨 뜻인지 모르고 밖에 누가 온 줄 알았다. 이 밤에 또 누가 왔나 싶어서 문 쪽으로 걸어가려는데 소리가 다시 들렸다.

'사랑하는 내 딸아, 사랑하는 내 딸아.'

나는 하나님의 음성을 듣거나 그분을 체험한 일이 한 번도 없었다. 오히려 그런 간증을 들으면 '뭘 저렇게 요란스럽게 예수를 믿어?'라고 생각했다. 그런데 그 음성을 듣는 순간, 다른 사람들의 간증에서나 들었던 그 일이 내게 벌어졌다는 것을 깨달았다. 사람의 말이 아니라는 것을 느꼈다. 내가 가슴으로 들었는지 귀로 들었는지도 알 수 없었다.
그래서 고꾸라지듯이 무릎을 꿇고 그 자리에 앉아서 "아버지~?" 하고 불러봤다.

'그래, 너는 내 딸이다. 내가 너를 사랑한다. 내가 너를 아프리카로 불렀다. 내가 너를 사용할 것이다.'

그 음성을 들으며 눈물이 폭포수처럼 쏟아졌다. 남편에게 "하나님은 나를 안 사랑하시고 당신만 사랑하시는 거 같아. 하나님은 당신만 택하고 당신만 불렀어. 나는 결혼을 잘못해서 여기 온 거고!"라고 소리 질렀던 순간이 떠올랐다. 하나님께서 그 말을 들으시고 내게 확신을 주시는 것이었다.

'그러나 네가 거듭나야 하겠다.'

그 말씀에 나는 깜짝 놀랐다.
"저는 목사의 아내이고 선교사로 왔습니다. 저는 물론 거듭났습니다."
내가 거듭난 줄 알았다. 아니, 내가 거듭나지 않았다는 것은 상상도 못 했다. 그러나 하나님은 뜻밖의 말씀을 하셨다.

'너는 거듭나지 않았다. 네가 지금 이 모습으로 있으면 내 이름만 더럽힌다.'

갑자기 눈앞에 환한 빛이 비치며 영화 필름이 돌아가듯 내 잘못된 행동들이 보였다. 밥을 떠서 감추는 모습이었다. 집에 모였던 사람들이 가면 아들을 더 먹이려고 숨겼다. 또 아프리카 아이들이 아들과 놀겠다고 오면 그 아이들에게는 빵을 얇게 썰어주고, 아들에게는 두껍게 썰어서 먹이는 모습도 보였다. 나는 기억조차 나지 않는 모습들이었다.

　또한 하나님께서 택하신 주의 종인 남편을 내가 마치 마귀처럼 대적하고 서 있는 모습도 보여주셨다. 나는 눈물 콧물이 범벅이 되어 울면서 하나님께 용서를 빌었다.

　"하나님, 제가 잘못했습니다. 용서해주세요!"

　'너는 네 아들을 사랑해서 밥을 감추고 빵을 두껍게 먹였지만, 나는 너를 사랑하고 네가 사랑하는 네 아들을 사랑해서 내 사랑하는 아들을 십자가에 달았다.'

　나를 사랑해서, 그리고 내가 그렇게 사랑하며 키운 이 아들을 사랑해서 예수님이 십자가에 달리셨다…! 지금까지 교회에서 설교는 많이 들었지만, 그 사실이 처음으로 내 가슴에 깊이 들어와 믿어졌다.

　이 말씀에 얼굴이 바닥에 닿도록 엎드려서 날 용서해달라고, 제가 어떻게 했으면 좋겠냐고 울며 용서를 구했다. 너무 울어서 정신을 잃었다가 깨어서 다시 회개기도를 드리다가 울다가를 반복했다. 그렇게 밤새 하나님과 교제를 하며 시간이 얼마나 지났는지 몰랐는데 누군가 어깨를 툭툭 쳤다.

　나는 하나님이 나를 데리러 오신 줄 알았는데 남편이었다. 남편이 새벽기도 시간이 되어 가족예배를 드리려고 일어나 나왔더니 내가 그렇게 바닥에 엎드려 울면서 뭐라고 뭐라고 기도하고 있었다고 한다. 그런데 아무리 기다려도 그치지 않으니까 결국 나를 툭툭 치면서 "당신 왜 그래?" 하고 말을 건 것이었다.

그런데 나는 남편을 똑바로 쳐다볼 수가 없었다. 내가 너무 더러운 여자라는 생각에 그를 볼 수도 없어서 남편에게 의자에 앉으라고 하고 나는 그 발밑에 앉아 울며 말했다.

"여보, 난 당신한테 너무 악한 아내였어요. 나를 용서해줘요. 나는 당신의 아내로 이곳에 온 것이 아니라 방해자로 왔었어요."

"당신, 왜 그래? 무슨 말이야?"

"하나님이 지난밤에 나를 찾아오셔서 '내가 너를 사랑한다. 내가 너를 아프리카로 불렀다. 내가 너를 쓸 것이다'라고 하셨어요. 나도 사랑하신다고. 나도 부르셨다고….."

"할렐루야!"

놀란 남편이 나를 끌어안고 날이 새도록 같이 울었다.

내 마음의 알프스

그렇게 나는 선교사, 목사의 아내이며 선교사로 아프리카에 와서 거듭났다. 거듭나니까 정말 세상이 달라진 것 같았다. 똑같은 환경인데도 불평하지 않았다. 그리고 병원에서 받아온 말라리아와 황달 약을 다 버렸다. 남편이 놀라서 쓰레기통에서 약을 도로 꺼내며 말했다.

"당신, 그러면 안 돼. 약은 먹으면서 기도하자."

"하나님이 나를 사랑하시는데, 데려가시면 천국에 가고, 살려주시면 하나님의 일을 하면 되니까 약은 필요 없어요."

하나님께 받은 은혜가 너무 감사해서 하나님께 뭘 드리고 싶은데 먹을 것도 없을 만큼 가난하니 드릴 것이 없었다. 드릴 게 없어서 얼마나 울었는지 모른다(독자 여러분은 드릴 수 있을 때 드리시기를 바란다).

그래서 달력에다 100개의 동그라미를 그리고는 '오늘부터 하루에 두 끼를 금식하고 한 끼만 먹으리라, 하나님이 주시면 그것은 아프리카 아이들 먹이는 것으로 하나님께 돌려드리리라' 하고 결심했다. 그리고도 계속 마음이 너무 뜨거워서 철야기도를 작정하고 그 100일 동안 두 끼를 금식하며 철야기도도 같이했다.

우리 형편은 여전히 가난했지만 마음에는 기쁨이 가득했다. 나를 살려달라는 기도도 나오지 않았다. 그저 죽어도 감사, 살아도 감사였다. 그러는 도중에 몸이 뭔가 가벼워지는 느낌이 들어서 3개월이 지났을 때 남편과 병원에 갔다. 의사가 나를 보더니 깜짝 놀라 말했다.

"아니, 당신 아직 살아있었나요?"

그는 치료도 무료로 해주고 약도 거저 주는데 내가 오지 않으니 죽었다고 생각한 모양이었다. 그리고 여러 가지 검사를 다 하더니 우리에게 물었다.

"그동안 무슨 약을 먹었습니까? 두 가지 병이 다 치료됐습니다."

나는 그 자리에 무릎을 꿇고 울면서 하나님께 감사했다.

"하나님, 이렇게 살려주셨으니까 저는 이제 '죽어도 감사, 살아도 감사'라고 기도한 대로 살겠습니다."

그 후로 내 기도가 완전히 바뀌었다. 우리 가족이 아니라 선교지 교인들을 위해 이렇게 기도가 나왔다.

'하나님, 우리에게 돈을 주세요. 너무 가난해서, 불쌍한 사람이 찾아와도 서로 얼굴만 쳐다보고 있어야 하는 그런 상황은 싫습니다. 이제는 도우면서 살고 싶습니다. 불쌍한 사람들과 나눠 먹게 하시고, 학비와 교통비가 없다고 찾아오는 아이들을 빈손으로 보내지 않게 돈 좀 주세요.'

날마다 기도했지만 우리는 여전히 가난했다. 하루는 아들이 빵을 먹다가 갑자기 빵을 밀어내더니 흐느껴 울었다.

"학수야, 왜 그래?"

"아빠는 왜 이렇게 가난해요? 나는 이렇게 살고 싶지 않아요. 저, 한국에 보내주세요. 친구들도 보고 싶고, 학교에도 다니고 싶어요."

학비가 없어서 아이가 학교도 다니는 둥 마는 둥 할 때였다.

그 말을 듣고 정말 마음은 아팠지만 이전처럼 남편과 싸우려는 마음이 들지는 않았다. 아이를 품에 안고 다독였다.

그러다가 "너는 커서 다른 건 다 해도 선교사는 하지 마라"라고 했더니 아이가 울다 말고 "걱정하지 마, 엄마. 내가 죽어도 그건 안 할 거야"라는 것이었다. 그 말에 나는 '주님께 생명을 드려 일하겠다고 해놓고 배고픔 하나 못 참아서 아들에게 이렇게 또 실수를 했습니다'라며 곧바로 회개했다.

남편도 마음이 상했는지 나와 아들을 끌어안고 눈물이 글썽글썽한 채로 "하나님, 차라리 우리를 데려가세요"라고 말했다. 한참 그렇게 안고 있다가 혼자 방으로 들어가더니 목이 터져라 찬송을 불렀다.

"하늘 가는 밝은 길이 내 앞에 있으니 슬픈 일을 많이 보고 늘 고생하여도 하늘 영광 밝음이 어둔 그늘 헤치니 예수 공로 의지하여 항상 빛을 보도다"

찬양을 들으며 마음에 큰 위로가 되었다.

'그래, 하늘 가는 밝은 길이 내 앞에 있는데 이까짓 배고픈 것 못 참아? 아무것도 아니지! 알프스는 스위스에 있는 게 아니고 내 마음에 있는 거지. 내 마음이 천국이면 그곳이 알프스구나.'

그런데 그 후 하나님은 먹을 것과 학비를 나누어줄 수 있도록 물질을 달라고 했던 나의 기도에 응답해주셨다. 한꺼번에 큰돈을 주신 것은 아니었지만 날마다의 생활이 나아지게 하시고, 궁

핍하지도 않고 교만할 만큼 넘치지도 않게 항상 그날그날 필요한 것을 채워주셨다.

우리는 그렇게 빈민촌 원주민 교인의 집에 얹혀 더부살이하던 가장 가난한 선교사였는데 하나님은 그런 연약하고 힘없는 우리를 통해 아프리카 여러 나라에 신학교, 초·중고등학교와 유치원과 고아원, 그리고 기도원과 선교농장, 병원을 세우셨고 또한 의대를 포함한 종합대학을 세우셨다.

하루는 아침에 성경 말씀을 묵상하는 중에 성령께서 새롭게 깨닫게 하셨다.

너희 안에 이 마음을 품으라 곧 그리스도 예수의 마음이니 그는 근본 하나님의 본체시나 하나님과 동등됨을 취할 것으로 여기지 아니하시고 오히려 자기를 비워 종의 형체를 가지사 사람들과 같이 되셨고 사람의 모양으로 나타나사 자기를 낮추시고 죽기까지 복종하셨으니 곧 십자가에 죽으심이라 빌 2:5-8

예수 그리스도의 마음을 품고 내 정욕을 십자가에 못 박아 아프리카 원주민선교를 위해 죽기까지 순종하라는 하나님의 명령이었다. 원주민선교를 해나가면서 예수 그리스도의 마음으로 인간적인 욕심을 버리고 전능자이신 하나님의 말씀에 순종할 때,

우리의 전도 활동이 크게 축복을 받으며 수많은 영혼을 구할 수 있으리라는 확신이 들었다.

하나님을 만나 거듭남…. 사실 이 책에서 나의 간증은 여기까지다. 이제 다음 장부터는 남편의 간증이고, 나는 곁에서 지켜보고 함께 기도하며 같이 걸어갔을 뿐이다. 그래서 책 쓰는 것을 권유받고도 많이 망설였는데 남편이 괜찮다며 힘을 실어주었다.

"우리는 하나니까. 우리는 한 팀이잖아."

어쩌면 남편은 자기의 이야기라서 너무 덤덤하게 말하는 면도 있는 것 같다. 그래서 내가 '무기' 대신 '가방'을 드는 자가 되어 남편과 같이 다니며 사역을 소개하고 도전하는데, '내 것'이 아니라서 더 마음 편하게 말할 수 있는 것 같다.

우리의 시작은 가난하고 미약했지만 돌아보니 하나님께 받은 은혜가 너무도 커서 정말이지 밤을 새워 얘기해도 다 할 수가 없다. 이 책에도 다 담지 못한 그 이야기는 언제 어디서 어떻게 일어난 일이었든지, 우리의 부끄러운 고백을 덮으시는 하나님의 사랑이고 우리처럼 부족하고 죄 많은 사람을 사용하시는 하나님의 기적이라고 말하고 싶다.

2장
고난을 통한 훈련

하나님, 살아계십니까?

　이 내용은 후에 남편에게서 들은 이야기인데, 나와 아들이 말라위에 오기 전부터 남편은 극심한 재정 훈련을 받고 있었다. 그것은 하나님께서 쓰시기 위해 하나님만 바라보게 하시는 훈련과 연단의 시간이었다.

　남편은 1985년 11월, 말라위에 도착한 후 선교사 비자를 받지 못했고, 3개월이 지나도록 독일 선교회가 약속한 월 500달러의 선교비도 받지 못했다고 한다. 가져온 돈이 다 떨어져서 빈민촌에 있는 교인의 집에 얹혀살게 되었다. 수십 통 편지를 써놓고도 우표 살 돈도 없어서 발송하지 못하는 게 비참하다는 생각이 들었지만 하나님께서 '선교사의 자존심을 가져라. 물질적 어려움을 다른 이들에게 알려 동정을 구하지 말라'라는 마음을 주셔서 아무에게도 어려운 사정을 말하지 않았다.

하나님께서 기도하라는 마음을 주셨지만 처음에는 기도가 나오지 않았다. 빈민촌이다 보니 기도할 만한 곳도 없어서 남편은 매일 새벽 5시에 성경을 들고 혼자 산을 올랐다. 뱀이 많다는 산을 향하여 걸어가면서도 계속 기도를 했다. 아무도 없는 산 중턱에 올라가 기도와 찬송을 드리고 성경을 읽으면서 주님과 교제했다. 그래도 마음이 편치 않고 답답해서 큰 소리로 하나님을 원망하며 외쳤다.

"하나님, 나는 예수 믿고 망했습니다! 예수님만 안 믿었으면 아프리카에 올 일도 없었고 이렇게 배고픔과 어려움을 당할 이유도 없는데 갈 데도 없고 배는 고프고 너무 힘듭니다!"

그렇게 한 일주일 정도를 아침저녁으로 "하나님은 안 계시다. 하나님은 돌아가셨다!"라며 하나님을 대적했는데, 어느 비 오는 아침, 마음속에 "너는 회개하라. 네가 죄가 많아서 그렇다"라는 주님의 음성이 들렸다고 한다.

남편은 즉시 무릎을 꿇고 "하나님, 제가 잘못했습니다. 제가 죄를 많이 지었습니다" 하고 예수님을 영접하기 전에 지은 죄부터 하나씩 하나씩 꼬박꼬박 회개했다. 독일에 있을 때 너무 외로워서 주일날 예배 안 드리고 영화 보러 갔던 일도 회개했고, 잘못한 것, 누군가에게 상처 준 것이 생각나면 자다가도 일어나서 회개했다. 철저히 회개하니 비로소 평안이 왔다.

죄를 회개하고 마음에 평안은 왔지만 그런 과정을 겪는 동안에도 어려움은 계속 되었다. 이민국에서는 비자를 내주지 않고, 밤이면 온몸을 물어대는 모기며 온 방에 돌아다니는 바퀴벌레와 도마뱀도 감당이 안 됐다. 선교비도 두 달이 되도록 오지 않아 배고픔을 해결할 방법도 없었다. 시골에 집회하러 가면 사람들이 많이 있는데도 바나나 나무를 보며 '아, 저거 하나 먹었으면 좋겠다' 하는 생각이 들 정도였다.

어느 주일, 남편은 주일예배 시간에는 예수 믿으라고 힘차게 설교하고 다음 날인 월요일에는 원주민 집사님과 우체국에 갔다. 선교비가 왔나 하고 사서함을 열어보면 아무것도 없었다. 크게 실망하여 지친 발걸음으로 돌아오는 길에 동행한 집사님에게 물었다.

"집사님은 하나님께서 살아계신다고 믿습니까?"

그 집사님은 깜짝 놀라며 "아니, 선교사님. 무슨 말씀을 그렇게 하십니까? 어제 주일예배 설교를 기억하십니까?"라고 되물었다.

"예, 기억합니다. 그러나 오늘은 정말 주님이 살아계시는지 잘 모르겠습니다. 정말 살아계신다면 왜 저를 이렇게 놓아두시는지 알 수가 없습니다. 나는 예수님을 믿기 전에는 이렇게 살아본 적이 없습니다. 불안하고, 외롭고, 배가 고파서 정말 살기가 힘이 듭니다."

"선교사님, 우리가 살고 있는 아프리카 빈민촌의 생활이 얼마나 어려운지 잘 압니다. 얼마나 불안하고 외롭고 쓸쓸한지 압니다. 그래서 우리 가족과 온 교회가 선교사님을 위해 기도하고 있습니다.

하나님은 분명히 살아계십니다. 그분이 선교사님께 고통을 허락하시는 데는 분명히 이유가 있습니다. 선교사님이 이 고비를 잘 이겨내고 나면 이 시대의 리빙스턴 선교사처럼 크게 쓰임 받을 것을 확신합니다. 선교사님, 하나님은 살아계십니다. 힘내십시오. 돌아가지 마세요. 하나님이 함께하십니다. 우리가 기도하겠습니다."

남편은 그 집사님의 위로를 듣고 감동하여 다시 일어설 힘을 얻었다.

남편이 입국한 지 3개월이 되어갈 무렵 이민국에서 선교사 체류비자를 신청하라는 통보가 왔는데 신청비 50달러를 마련할 방도가 없었다. 원주민 목사님이 이민국장을 찾아가서 사정했지만 거절당했다. 다행히 한 원주민 장로님의 부인이 은행에서 근무하고 있어서 은행 돈을 차용해 비자를 신청할 수 있었다.

체류비자는 간신히 받았지만 그의 몸과 마음은 많이 쇠약해졌다. 약 두 달 만에 몸무게가 16킬로그램이 빠져 걷기조차 힘든 상태였다.

'아프리카에 온 것이 정말 하나님께서 나를 택하셔서 보내신 것인가? 혹시 내 의지와 열정과 동정심으로 온 건 아닌가?'

그래서 하나님께 투정하듯 기도했다.

"하나님, 만약 100일 안에 약속된 선교비를 보내주시면 제 국적을 바꾸고 이 생명 다하는 날까지 아프리카에 예수 그리스도의 사랑과 복음을 전하겠습니다. 하지만 100일이 지나도 선교비를 보내주지 않으시면 저는 말라위를 떠나겠습니다. 만일 제가 아프리카를 떠나게 되면 하나님의 영광이 가려지고 또한 제게도 큰 수치가 될 것입니다. 그때는 만일 누가 아프리카 선교사로 가겠다고 하면 절대로 가지 말라고 적극적으로 말리겠습니다."

버스비도 없어서 뜨거운 날씨에 우체국에 매일 한 시간씩 걸어갔다. 99일째가 되는 날까지도 사서함은 텅 비어 있었다. 100일째 아침, 남편은 말라위를 떠나야겠다며 짐을 싸놓고, 마지막으로 사서함을 한번 열어보자는 생각으로 우체국에 갔다.

그런데 놀랍게도 독일 병원선교회에서 보내온 500달러짜리 수표 한 장이 들어있었다. 남편이 눈을 의심하며 원주민 동역자들과 확인하니 분명히 그의 이름이 적힌 수표였다.

문득 이상한 생각이 들어 우체국 직원에게 문의하니, 직원이 놀란 표정으로 "그것 말고도 두 장이 더 있습니다"라며 500달러짜리 수표 2장이 든 봉투를 전해주었다. 남편의 사서함은 2836번인데 그 봉투의 겉면에는 2846번이 적혀 있었다.

"사실 두 달 전부터 와있었는데 주인이 없어 지금까지 보관하고 있었습니다. 오늘 우편물을 2836번 사서함에 한번 넣어보고, 그래도 찾아가지 않으면 독일로 돌려보내야겠다고 생각하며 봉투를 2836에 넣어보았지요."

독일 병원선교회 회계담당자에게 사서함 번호가 잘못 전달되는 바람에 독일에서 보낸 선교비가 3개월간 다른 사서함으로 보내진 것이다.

이 선교비 사건으로 남편은 하나님께서 허락하신 시련과 환경은 모두 그분의 세밀한 계획과 섭리하심 안에 있음을 믿고 감사하며 더 열심히 선교활동에 전념하게 되었다.

강한 군대가 되는 것은 고된 훈련을 통해서만 가능하기에, 하나님께서 우리를 복음을 전파하는 사역자로 사용하실 때는 훈련과 연단을 시킨 후에 사역지로 내보내신다.

극심한 재정의 연단을 받은 100일 동안 남편은 진심으로 하나님만 바라보며 의지하게 되었고, 자신의 힘으로는 아무것도 할 수 없다고 고백하게 되었다. 그는 신학교에서 배운 대로 섬기고 원칙대로 하면 잘될 줄 알았지만, 하나님은 "선교는 '네가' 하는 것이 아니라 '내가' 하는 것이다. 네가 설치고 나서는 것이 아니라 내가 시키는 대로 하면 된다"라고 가르쳐주기를 원하신 것이다.

그래서 남편은 그 배고픔을 통해 많은 것을 배우고 경험하며 산 믿음(부활신앙)을 갖게 되었다. 사람을 보는 눈에서 하나님을 보는 눈으로 바뀌었으며 겸손해졌다. 남편은 사람이 배고픔을 당하고 무시당하고 밑바닥까지 내려가니까 자존심이 필요가 없더라고 했다. 또한 고통을 당하니 견디는 능력이 생겨 인내심을 기르게 되었다고 한다.

이 연단의 시기에 기도와 금식의 훈련을 받으며 매일 주님과 교제하고, 아프리카 원주민들과 함께 먹고 자면서 그들과 똑같이 생활하는 남편을 원주민 목사님들과 교인들은 '현대판 리빙스턴 선교사'라고 불렀다. 그러나 남편은 그것을 자랑삼지 않았다. 오히려 원주민들 속에서 어려운 생활을 함께할 수 있었던 시간을 하나님의 철두철미한 계획으로 보고, 그로 인해 하나님께 감사를 드리며 원주민 선교사로서의 보람과 기쁨을 느꼈다.

주님의 사랑과 능력을 부어주소서

주일예배가 끝나면 병자들을 위한 기도 시간을 가졌다. 인근에서 찾아온 교인들의 절반은 맨발로 걸어오는데, 대부분 병으로 고통받는 환자들이었다. 말라리아에 걸려 죽어가는 아이들도 부모의 품에 안겨 기도를 받으러 온다. 원주민 목사님은 환자들을 위해 열심히 안수기도를 해주었지만, 처음에 남편은 기도하기가 어려웠다고 한다. 콧물이 흐르고 얼굴에 온통 파리가 달라붙은 아이들에게 선뜻 손이 나아가지 않더라는 것이다.

안수를 잘 하지 않게 된 데에는 다른 이유도 있었다. 안수받으러 오는 사람 중에는 환자뿐 아니라 귀신 들린 사람들도 있는데 남편이 영국에서 공부할 때 "아프리카에 가서 안수기도를 잘못하면 귀신이 오히려 따라붙으니 조심하라"라는 말을 들어왔기 때문이다. 그래서 안수는 항상 원주민 목회자가 하도록 하고 자기는 복음을 전하는 일에 전념했다고 한다.

하지만 어느 순간, 헐벗고 병든 원주민들을 도우려면 먼저 이들을 사랑하는 마음이 있어야 하고, 하나님의 복음 사역을 힘있게 펼쳐가려면 능력을 받는 게 매우 중요함을 깨달았다. 그래서 전적으로 하나님께 매달려 금식기도를 시작했다.

"하나님, 저 어린아이들 불쌍하지 않습니까. 제가 기도 한번 제대로 해주고 싶은데 잘 안 됩니다. 제게 사랑의 은사를 부어주십시오. 원주민 환자들을 사랑하는 마음을 주셔서 그들을 위해 기도할 때 신유의 은사가 나타나게 해주시고, 귀신 들린 자들에게 담대하게 안수할 수 있는 능력 또한 부어주소서."

이때 배고픔과 재정의 연단을 받으면서 남편은 기도하는 법도 배우고 있었다. 그 고난 속에서 금식하지 않고 산에 올라가지 않으면 미칠 것 같아서 매주 금요일부터 주일까지 3일 동안 산에 올라가 금식기도를 해오고 있었는데, 이렇게 사랑과 능력을 구하며 금식기도를 할 때 하나님께서 그의 마음을 바꾸시고 사랑의 은사를 부어주셔서 그 주일부터 남편은 파리가 달라붙은 아이들을 사랑으로 품에 안고 눈물로 기도하게 되었다.

하나님은 아프리카 원주민들을 사랑하시어 능력도 부어주셨다. 우리 부부가 원주민 목사님과 시장 부근을 걸어갈 때 우리 쪽으로 한 청년이 태권도를 하는 듯한 모습으로 다가왔다. 그런데 남편이 그날은 이상하게도 무서운 생각이 들지 않아서 "목사님, 제가 기도 한번 할까요?"라고 물었다. 원주민 목사님이 깜짝 놀라며 한번 해보시겠냐고 했고, 남편이 달려드는 청년의 머리를 탁, 치며 "예수의 이름으로 명하노니 더러운 귀신아 나가라!" 하니 청년이 쓰러지며 귀신이 나갔다.

하나님께서는 고난을 통해 아프리카 원주민 개척선교사로서 필요한 믿음과 겸손, 인내와 사랑, 영적인 능력으로 남편을 무장시키신 후에 놀랍게 사용하셨다. 영어가 서투른데도 방송을 통해 전도하는 길을 열어주셨고, 수백 명이 모이는 전도 집회에 부흥강사로 세우셨다. 그가 설교할 때 많은 사람이 주님을 영접했으며, 사람들을 위해 안수하며 기도할 때 아픈 자에게는 치유가 일어나고, 귀신 들린 자에게서 귀신이 쫓겨나갔다.

원주민 목사님과 함께 섬기던 작은 원주민교회는 2년 만에 60여 명에서 400명이 넘는 교회로 성장했고, 남편은 그 외에도 말라위의 여러 지방에 많은 교회를 개척할 수 있었다.

> 눈물을 흘리며 씨를 뿌리는 자는 기쁨으로 거두리로다 울며 씨
> 를 뿌리러 나가는 자는 반드시 기쁨으로 그 곡식 단을 가지고
> 돌아오리로다 시 126:5,6

독일로 선교 보고를 떠나다

1986년에 김근철 한국병원선교회 독일지부장님이 말라위를
방문하여 선교 현장을 돌아보고 가셨다. 매우 열악한 환경과 사
역 상황을 보시고는 "독일에 와서 유럽의 여러 교회에서 선교 보
고와 신앙 간증을 하며 선교비를 후원해줄 교회와 성도들을 찾
아보자"라고 제안하며 남편을 초청하셨다.

당시 병원선교회는 선교회에서 사역자로 봉사하던 간호사들
이 한국으로 돌아가 재정적으로 매우 어려운 상황이었다고 한
다. 그러나 김근철 목사님 내외분과 전문인 간호사로 파송 받은
사역자들이 신앙과 선교 열정으로 매월 선교비를 후원하여 아프
리카 원주민선교에 주춧돌이 되었다.

그때 남편은 무척 쇠약한 상태였지만 선교비를 마련하고 건강
도 회복할 겸 독일에 다녀오기로 했다. 당시 아프리카에서 유럽

으로 한번 나가는 것이 그리 쉬운 일이 아니어서 남편은 선교의 열매를 맺지 못할까 봐 걱정이 많았다. 우리는 이 말씀을 붙잡고 간절히 기도했다.

> 아무것도 염려하지 말고 다만 모든 일에 기도와 간구로, 너희 구할 것을 감사함으로 하나님께 아뢰라 그리하면 모든 지각에 뛰어난 하나님의 평강이 그리스도 예수 안에서 너희 마음과 생각을 지키시리라 빌 4:6,7

기도의 응답으로 하나님은 남편이 독일에 도착한 다음 날, 김효곤 목사님을 만나게 하셨다. 김 목사님은 독일에서 한인교회를 섬기다가 캐나다 에드먼턴 제일장로교회의 담임목사로 초청받았는데 아프리카 선교사를 후원하고 싶어서 기도하던 중 남편의 사역 소문을 듣고는 남편을 만나기 위해 캐나다행 비행기를 두 번이나 연장하며 기다리셨다고 한다.

목사님은 남편을 만나자 너무 기뻐하시며 캐나다로 가면 매월 선교비를 보내주겠다고 약속해주셨다. 그 후 김 목사님이 매월 송금해주시는 선교비로 그때부터 몇 년간은 식생활 문제를 해결할 수 있었다. 말씀을 믿고 기도할 때 언제나 선하게 응답해주시는 좋으신 하나님을 함께 찬양하며 우리는 감사의 기쁨이 충만했다.

처음에는 독일에 2주 동안 체류할 계획이었으나, 무려 10주 동안을 머물면서 여러 교회와 성도들이 모인 자리에서 선교 보고를 했다. 그런데 한 교회에서 선교 보고를 하는 중에 몸 상태가 극도로 나빠져서 병원에서 검진을 받은 결과 폐결핵을 진단받았다. 진단한 의사가 "이대로 아프리카로 돌아가면 병이 더 악화되어 생명이 위험할 수 있으니 일단 독일에 머물면서 당장 치료를 받으세요"라고 했다.

남편은 하는 수 없이 아프리카 귀국 일정을 연기하고, 하나님께서 치료해주시기를 간구하며 약을 복용하기 시작했다. 하지만 유럽에 오래 머물 수 없는 형편이라 다시 아프리카로 떠날 채비를 했다.

나는 남편이 독일에 갈 때 그에게 선교지에서 필요한 16가지 품목을 적어주었다. 사실 다 구해 오리라는 기대는 하지 않았는데 놀랍게도 남편은 빠짐없이 구해다 주었다. 아니, 남편이 구해다 준 것이 아니었다. 하나님께서 채워주셨다.

남편은 여러 지역을 순회하면서 선교 보고를 하느라 물품을 챙길 여유도 없었고, 아무에게도 그 일을 알리지 않았다. 그런데 김근철 목사님 댁에서 국수 기계를 주시고, 출국하기 하루 전에는 체코에서 사역하시는 유정남 선교사님이 식사 초대를 해서 갔더니 레고 장난감을 선물로 사주셨다. 레고는 아들 학수가 남편에게 특별히 부탁했던 바로 그 장난감이었다.

하나님은 우리의 필요를 아시고 내가 적어준 모든 품목을 그렇게 세밀히 채워주셨다. 그리고 남편이 영국과 독일에 체류하는 동안 여러 교회에서 선교 보고를 할 수 있도록 문을 열어주시고, 건강도 돌볼 기회도 주셨다. 또한 김효곤 목사님이 한국의 몇 교회를 소개해주셔서 힘들었던 말라위 선교에 큰 도움을 받게 되었다.

원주민 목사의 배신

남편이 독일에 간 사이, 나는 힘든 시간을 보냈다. 우리와 함께 동역하던 원주민 목사와 장로들 사이에 이상한 분위기가 감돌더니 남편이 돌아온 후에도 그들은 일주일이 넘도록 찾아오지 않았다. 의아해진 남편이 한 장로님에게 무슨 일인지 물었다가 뜻밖의 이야기를 듣게 되었다.

"선교사님이 10주가 넘도록 유럽에 가서 선교 보고를 하는 동안 큰 문제가 생겼습니다. 파키스탄 출신의 한 스웨덴 목사가 원주민 목사님을 방문하여 일주일 동안 집회를 인도한 후에 '김 선교사를 떠나 나와 함께 일하면 매월 생활비와 자동차를 주고, 교회도 크게 건축해주겠다'라고 말했습니다.

그 말을 들은 원주민 목회자들이 '가난한 김 선교사보다 스웨

덴 목사와 선교사역을 함께하는 것이 좋겠다'라고 의견을 모아 김 선교사를 추방하기로 약속했답니다.

그래서 그들이 이민국에 선교사님에 대한 고발장을 보냈고, 이민국에서는 체류 연장을 해주지 않기로 협약이 되었습니다. 지금 교인들은 원주민 목회자의 주장을 따르는 교인들과 선교사님을 배신할 수 없다는 두 그룹으로 나뉘었습니다."

나는 자세한 내막을 잘 알지 못하던 차에 그 말을 듣고 할 말을 잃었다. 남편도 큰 충격을 받았는데 말라위 선교를 시작한 후 독일 신학교 선배가 충고한 말이 떠올랐다고 한다.

"당신과 동역하는 원주민 목사는 이미 독일인 선교사 두 명을 배신한 사람입니다. 당장 그 목사와 헤어지지 않으면 위험한 상황이 생길 수 있습니다."

원주민 목사와 성도들은 어려운 환경 속에서 복음을 받고 잠시 기뻐했지만, 자신들의 환경은 변함이 없고 가난을 벗어날 수가 없었다. 우리는 그들에게 복음을 전했고 성령께서 그들이 주 예수 그리스도를 믿게 하시어 하나님께서 그들의 영혼을 구원해 주셨지만, 그들의 주린 배는 채워지지 않았다. 육체를 지닌 인간은 물질 앞에서 원죄의 인성을 성령으로 다스리지 못할 때 죄의 지배를 받게 된다.

곧 헛된 것과 거짓말을 내게서 멀리 하옵시며 나를 가난하게도

마옵시고 부하게도 마옵시고 오직 필요한 양식으로 나를 먹이
시옵소서 혹 내가 배불러서 하나님을 모른다 여호와가 누구냐
할까 하오며 혹 내가 가난하여 도둑질하고 내 하나님의 이름
을 욕되게 할까 두려워함이니이다 잠 30:8,9

잠언서에서 아굴이 혹 가난하여 하나님의 이름을 욕되게 할까
두렵다고 고백했듯이, 원주민 목사가 가난 때문에 물질의 유혹
을 이기지 못해, 수년 동안 복음 사역을 함께한 우리를 배신하고
신뢰를 저버린 것을 보며 인간으로서 한계를 느꼈다.

아프리카 원주민선교를 하면서 굶주리고 헐벗고 위험에 처하
고 질병에 시달리며 수많은 고통을 겪어왔으나, 이 일은 그런 아
픔을 당할 때보다 더 가슴이 아팠다. 그러나 우리는 하나님께서
그들의 영혼을 속히 치료하여주시고, 가난에서 벗어나게 해주시
기를 기도할 뿐이었다.

말라위를 떠나시오

며칠 후, 이민국장으로부터 편지를 받았다.

"당신에 대한 13가지 문제가 담긴 투서가 들어와 체류 허가를
연장해줄 수 없으니 말라위를 떠나시오."

배고픔만큼이나 큰 위기가 왔다. 말라위에서 제발로 나가지 않으면 쫓겨날 입장이 된 것이다. 남편은 뒤로 물러나는 성격이 아니고 끝까지 해보는 성격이라 이민국에 계속 찾아갔다. 이민 국장을 만나 투서 내용은 모두 사실과 전혀 다르며 오직 모함일 뿐이라고 해명하면서 비자의 연장을 요구했으나 그는 너무도 냉정했다.

가깝게 지내던 장로교회 집사님을 찾아가 형편을 설명했더니 자기 교회의 장로님 한 분이 대법원 판사라며 그 분을 소개해 주겠다고 했다. 다음 날, 집사님의 소개로 우뇨르라는 대법원 판사를 찾아가 초창기부터 어떻게 사역해왔는지를 자세히 설명하고 현재 상황을 알리자 판사 부인이 눈물을 흘리면서 "함께 기도하며 문제를 풀어봅시다"라고 했다.

다음날 우뇨르 판사가 이민국장을 만나러 갔으나 만나주지 않았다. 당시 말라위는 반다 대통령의 독재로 경찰이나 군인, 이민국에 근무하는 자들의 위세가 대단했다. 몇 번이나 거절하던 이민국장을 한번 만나보고 나서 우뇨르 판사는 "이민국장을 고소하여 법적으로 대응해야겠습니다"라며 한 변호사를 소개해주었다. 그래서 그 변호사를 통해 일을 시작하려고 하는데 일부 현지인 동역자들이 반대했다.

"법원에 가면 시간만 오래 지체하게 되고, 별로 좋은 결과도 기대할 수 없을 것 같습니다. 법적 소송은 생각해볼 문제인 것 같습니다."

당시 말라위의 대학 총장이 안수집사였는데, 우리의 딱한 사정을 듣고 이민국장을 찾아가서 체류 연장을 설득했다. 말라위 주재 한국대사인 박영철 대사도 돕겠다고 이민국장과 대통령실에 협조를 요청했다. 그래서인지 이민국장이 이런 제안을 했다.

"김 선교사가 법적 소송을 하지 않는다는 조건으로 말라위를 떠났다가 다시 선교사 비자를 신청하면 허가를 내줄 테니 일단 말라위를 떠나시오."

우리는 그의 말을 믿고 말라위 교회 제직 다섯 명에게 우리가 살던 주택과 가구들을 맡기고 남아공 더반에 있는 콰시자반투 선교회(KwaSizabantu Mission)의 선교센터로 갔다.

우리에게도 넘치게 주세요

독일계 남아프리카공화국사람인 엘로스티건 목사님이 설립한 콰시자반투 선교회는 일만 명을 수용할 수 있는 성전과 오천 명에게 숙식을 제공할 수 있는 시설을 갖춘 아프리카 최대 규모의 단일 선교단체였다. 그곳은 말라위에 비하면 숙식 환

경도 훨씬 좋고 자연 또한 너무나 아름다웠다.

'같은 선교사라도 이런 곳에서 사역하는 분들도 있구나!'

나는 그날부터 기도를 시작했다.

'하나님, 우리에게도 이런 선교센터 주세요.'

한번은 식사 중에 아들이 말했다.

"엄마, 저 사람 두 번째 타러 갔어."

"그래, 너도 가."

"나도 갈까?"

"응, 빨리 먹고 한 번 더 타다 먹어."

그러면 아빠가 못 가게 했다.

"저 사람도 두 번 가는데…."

"그 사람 두 번 간다고 옳지 않은 일을 따라서 하면 안 돼."

"저게 왜 옳지 않은 일이야?"

"너는 선교사 아들이야. 오늘 네가 이걸 못 이겨서 또 먹으면 너는 내일도 모레도 또 그럴 거야. 네가 가진 것에 감사할 줄 모르고 한번 받은 것에 만족을 모르며 계속 가게 될 거야."

아빠 말을 듣고 눈만 멀뚱멀뚱 뜨고 있는 아이에게 내 음식을 덜어주며 말했다.

"자, 이거 먹어."

"아니야, 엄마는 엄마 거 먹어. 나는 엄마 거 먹고 싶지 않아.

엄마도 배고프니까.”

순간, 속에서 화가 치밀어 올랐다.

'아휴, 열 살짜리 아들을 벌써 선교사로 만드네, 만들어.'

그렇지만 예전처럼 남편에게 대들거나 싸우지는 않았다. 다만 하나님께 기도했다.

'하나님, 우리에게도 넘치게 주셔서 막 간증하게 해주세요!'

갈 데도 없고 돈도 없어서 임시로 센터에 살면서도 이런 기도를 매일 드렸다. 당시 남편은 하나님께 받은 그의 소명대로 아프리카에 신학교를 짓게 해달라는 기도를 계속하고 있었다.

콰시자반투 선교센터에 머무는 동안은 그리스도의 사랑과 하나님의 은혜 안에 거하며 신앙적으로 많은 것을 배우는 유익한 기간이었지만, 어린 학수가 학업을 중단하고 학교에 가지 못하고 또래 아이들을 피해 다니는 모습이 안타깝고 측은하여 나는 늘 마음이 아팠다.

가끔 선교회에서 유럽이나 아프리카의 다른 나라에서 온 선교팀에게 버스를 제공하여 가까운 곳에 사는 크리스천 가정이나 경치가 좋은 곳으로 1일 관광을 시켜주기도 했다. 그런데 버스를 타고 다닐 때 유럽 사람들은 자기가 준비해온 간식거리를 먹으며 옆 사람들은 전혀 배려하지 않고 조금도 나눌 줄 몰라서 아들이 상처를 받곤 했다.

수중에 돈이 한 푼도 없어서 배고파하는 아들에게 간식을 사주지 못해 마음이 아픈 한편, 선교센터에서 큰 사랑을 받고 은혜를 체험하는 어른들이 배고픈 어린이의 부러운 눈빛을 외면하는 것을 나는 이해하기 힘들었다.

아프리카에서 남편은 늘 궁색한 선교사 생활로 가족에게 즐거운 추억을 선사하지도 못하고, 관광 한번 제대로 시켜주지 못해서 미안해했다. 모든 시간과 물질을 선교 우선으로 사용해서 자녀 교육을 제대로 해준 것이 없는 데다가 학부모로서 학교에 찾아가 보지도 못해서 마음 아파했다.

몇 년 후의 일이지만, 한번은 아들 학수가 다니는 학교에서 특별행사가 있다고 초청장이 왔다. 한국대사관과 중국대사관에 근무하는 사람들의 자녀, 한국 정부에서 파견된 의사의 자녀, 그리고 여러 나라 사업가들의 자녀가 모국의 전통의상을 입고 무대에 서서 연극도 하고 노래하며 춤도 췄다.

그때 나는 딸 학영이를 출산한 지 얼마 되지 않았을 때라 남편 혼자서 참석했다. 다른 부모들은 카메라와 비디오카메라를 들고 열심히 촬영했지만, 남편은 아무것도 준비해 간 게 없어서 그냥 앉아만 있다 보니 피곤해서 깜박 졸았던 모양이었다. 사람들의 박수 소리에 놀라 잠이 깨어 무대를 보니, 아시아에서 온 아이들이 모두 나와서 인사를 하는데, 한쪽에 몹시 가난한 집 아이

같은 어린이가 초라한 모습으로 서 있더란다.

'저 아이는 누굴까?' 하며 살펴보니 바로 아들 학수였고, 순간 남편은 부끄러운 마음과 함께 '우리 생활이 항상 어려운 건 선교사로서 당연하지만, 아이까지 저토록 궁색한 모습일 수밖에 없는 것일까?'라는 생각이 들면서 자신에게 화가 났다고 한다. 나중에 남편은 그때 처음으로 가족에게 미안하고 부끄러운 감정이 들었다고 고백했다.

에스와티니로의 인도하심

콰시자반투 선교센터에서는 매일 아침저녁으로 집회가 있었다. 주로 선교사들과 현지인들이 참석했고, 또 많은 유럽 사람들도 와서 그리스도인의 성결한 삶을 강론하는 설교를 듣고 은혜를 받았다. 수백 명, 때로는 수천 명이 공동체 생활을 하는데도 언제나 질서가 유지되고 평화로웠다.

나는 생각했다.

'수백만 평에 세워진 건물들과 농장, 수백 마리의 젖소와 수천 마리의 닭, 돼지, 염소와 과일나무의 수확으로 자급자족하며 그리스도의 사랑 안에서 평화롭게 이루어 가는 이 땅이 천국이 아닐까?'

그곳에서 봉사하는 직원들은 늘 밝은 표정으로 수천 명에게 무료로 숙식을 제공하는 일을 기쁨으로 감당했다. 우리가 선교센터에 머무는 동안 하나님은 많은 것을 보여주시고 가르쳐주셨다(훗날 우리가 바드플라스[Badplaas]의 임마누엘 기도원을 매입했을 때 콰시자반투 선교센터와 비슷한 사역을 하기 원했으나 주님은 다른 사역을 맡기셨다).

선교센터에는 작은 병원이 있었는데 의사와 간호사가 없었다. 오직 찬송과 기도로만 치료하는데도 환자들은 기적적으로 치유되고 퇴원했다. 하루는 병원 한쪽에 바늘들이 진열된 것을 발견하고 저것은 무엇이냐고 물어보았다.

"환자 중에 악령에 눌러서 바늘을 삼키고 고통당하던 사람이 성령님의 역사로 몸속에 있던 바늘들을 토해내서 그것을 진열해 놓은 것입니다."

2천 년 전 예수님이 기적을 베푸시던 상황이 실감이 날 정도로 우리가 그곳에 있는 동안 많은 사람이 기적적으로 치유를 받고 돌아갔다. 특히 독일과 영국, 스위스, 프랑스에서 마약중독자, 알코올 중독자들이 선교센터에 머물며 말씀과 기도로 치료를 받았다고 예배 시간에 간증하는 것을 보았다.

어느 날, 콰시자반투 선교센터에서 남편이 로니와 쉐기라는 인도인 형제를 만나 함께 식사하며 대화를 나누었다. 로니 형제의 처남이 목사인데 집회를 위하여 에스와티니(구 스와질랜드)에 자주 다닌다고 했다. 우리는 형편을 말하며 물었다.

"우리가 에스와티니를 한번 방문하고 싶은데 혹시 함께 에스와티니에 가 주실 수 있습니까?"

"처남이 잘 알고 지내는 아론 가메제(Aaron Gamedze) 박사님을 찾아가는 게 좋겠습니다. 김 선교사님이 에스와티니로 가면 언제든지 동행하겠습니다."

해군인 형 로니와 경찰인 동생 쉐기는 휴가를 내서 우리 가족을 태우고 낯선 에스와티니를 방문했다. 당시는 우리의 생각과 의지로 에스와티니를 방문한 줄 알았다. 하지만 에스와티니에 머물면서 중남부 아프리카 7개국에 원주민선교 사역을 하게 된 것을 보며 하나님이 미리 계획하시고 우리의 발걸음을 인도하셨음을 깨닫게 되었다.

때로는 내 의도와 계획이 어긋나더라도 그 안에 하나님의 섭리가 있다고 믿는다. 하나님의 뜻을 알기 위해 기도하고 하나님의 인도하심을 인내로 기다려야 함을 많은 연단을 통해 배우게 되었다.

가메제 목사님을 만나다

남아공 선교센터가 있는 콰줄루에서 에스와티니까지는 약

600킬로미터 거리였다. 로니와 쉐기 형제와 우리 가족은 에스와티니에 도착한 날, 가메제 박사님을 처음 만났다. 당시 박사님은 60대 후반으로 에스와티니 교회협의회장, 남아공 포트헤어대학교(University of Fort Hare) 교수, 왕의 개인비서, 초대 교육부장관, 영국 대사, 유엔에서 환경위원장 등을 역임했다. 미국인 여선교사님의 도움으로 미국에서 대학까지 교육을 받았는데, 빌리 그레이엄 목사님과 같은 휘튼대학(Wheaton College) 출신이다.

1950년대에 하나님께 아프리카를 복음화하라는 음성을 듣고 '아프리카 십자군'(Africa Hope Crusade)이라는 선교회를 설립하여 선교활동을 했다. 훌륭한 목회자이자 신앙과 인격을 갖춘 교육자로 에스와티니 국민들과 아프리카 여러 나라의 교회 지도자들에게 존경받는 분이었다.

며칠 동안 에스와티니에 머물면서 가메제 목사님과 여러 지역을 방문했는데, 그 중 시데키(Siteki) 지방의 한 광산에 속한 건물이 가장 인상 깊었다. 가메제 목사님이 말했다.

"이 광산 건물을 구입하여 신학교를 세우기로 결심하고, 그 일을 위해 지금 기도하고 있습니다."

남편도 원주민선교를 체계적이고 광범위하게 하려면 원주민 신학생의 양성이 가장 시급한 문제라는 생각은 늘 하고 있었지만 실질적으로 시도하기는 여러모로 힘든 일이라 기도만 꾸준히 해오고 있었다. 그런데 그날 가메제 목사님이 남편에게 이렇게 제안했다.

"혹시 말라위 선교사 체류 연장이 안 되면 에스와티니에 와서 나와 함께 신학교를 운영합시다."

에스와티니 방문을 마치고 선교센터에 돌아와 머물다 보니 3개월 방문비자 마감일이 다가왔다. 체류 연장을 위해 말라위에 다시 갔다가 나와야 하는데, 우리는 말라위를 떠나 올 때 편도 비행기표만 가지고 왔기 때문에 난처했다. 항공료 약 1,500달러가 필요한데 수중에는 한 푼도 없었다.

우리는 항공료를 위해 금식하기 시작했다. 그리고 체류 기간이 끝나는 날, 말라위에서 비행기표를 보낸다는 소식이 왔다. 언제나 우리의 기도에 응답해주셔서 필요를 채워주시고 위기에서 구해주시는 하나님께 감사를 드렸다.

하나님의 은혜로 남아공 체류비자가 한 달 연장되었다. 그런데 말라위 동역자들은 "새로 선교사 비자를 신청하고 기다리는데 비자를 자꾸 뒤로 미루는 걸 보면, 이민국장이 우리를 말라위에서 내보내기 위해 거짓말한 것 같다"라고 전해왔다.

우리는 너무나 당황스럽고 불쾌하여 며칠 동안 잠을 이루지 못하고 기도했다. 그리고 이민국장이 출근하지 않는 날을 택해 남아공 주재 말라위 대사관에 가서 방문비자를 받아 말라위로 들어가야겠다고 결심하고 실행에 옮겼다.

집안에 들여놓은 뱀

1988년 4월 어느 토요일, 말라위에 도착하여 변호사와 대법원 판사를 만나 체류 문제를 논의했다. 그러나 부패한 이민국장의 마음을 바꿀 수 없음을 알았다.

"선교사님을 모함하여 투서를 한 그룹에서 선교사님이 머물던 남아공에서 청부살인을 하려 했다는 소문이 있었습니다. 이곳에서 극히 조심하셔야 합니다."

한 원주민 집사님이 우리에게 이렇게 전해주며 집 밖에 경비원을 세우고 바깥출입을 하지 말라고 당부했다.

어느 날, 남편이 세수를 하려고 화장실에 들어갔더니 세면기 쪽에 제법 큰 뱀 두 마리가 몸통을 비틀고 앉아 있었다. 남편은 기겁하여 뛰어나왔다. 밖에 있는 청년을 불러서 뱀을 죽여 밖에 내다 버렸는데, 어찌나 비린내가 심한지 구역질이 났다.

다음날도 똑같은 장소에 또 큰 뱀이 똬리를 틀고 앉아 있었다. 이상하게도 가족들이 세수할 때는 아무도 뱀을 보지 못했는데 남편이 들어가면 뱀이 있었다. 남편은 현지인 교회 청년들을 불러 뱀을 죽여 밖에 버린 후에 부탁했다.

"시내 중심가의 집안으로 뱀이 어떻게 들어와 있는지 샅샅이 살펴보고 뱀이 들어올 만한 곳을 차단해주게."

한참 후에 그들이 와서 말했다.

"온 집안을 찾아보아도 뱀이 들어올 만한 구멍은 한 군데도 없습니다."

"아무래도 누군가가 무당을 시켜서 뱀을 집안에 넣은 것 같습니다."

정말 이곳을 떠나고 싶지 않았지만, 이 말을 듣고는 말라위를 속히 떠나는 게 좋겠다는 생각이 들었다. 그래서 원주민 집사님 다섯 분에게 우리가 없더라도 복음 사역을 계속 맡아 감당해주기를 부탁했다.

1988년 6월, 눈물과 고난 중에도 성령의 풍성한 열매를 맺도록 인도하신 주님께 감사와 찬송을 드리며 2년 8개월의 말라위 사역을 마치고 에스와티니로 옮겨 선교를 시작했다.

그러나 그후로도 우리는 말라위 원주민선교를 위하여 현재까지 35년 동안 계속하여 후원하고 있으며, 말라위 현지에서는 원주민 집사님 다섯 분과 선교사님들이 헌신하여 현재 우리는 말라위에서 185개 지역에 현지인 교회를 세우고 섬기고 있다.

또한 말라위의 가난한 시골교회 목회자들을 돕기 위해 시작한 염소농장 프로젝트를 통해 2021년 현재 서른여섯 목회자 가정에 일흔두 마리의 염소를 보급하였고, 앞으로도 200여 목회자 가정이 스스로 생계를 유지할 수 있도록 지원할 예정이며 이를 위해 계속 기도하고 있다.

말라위 ACM 교회

말라위 원주민 목사 안수식, 2001년
(한국인 왼쪽부터) 김근철 목사, ACM대표 현광석 말라위 선교사, 김종양 선교사,
황찬규 목사(한국병원선교회 설립자) 그리고 나

PART 2

그들을 위해
매일
부르짖어라

아프리카의 스위스(?) 스와질랜드가 에스와티니로

2018년 4월 18일, 아프리카 남동부에 있는 입헌군주제 국가 스와질랜드Swaziland의 국왕 음스와티 3세Mswati III는 영국에서 독립한 지 50주년을 맞는 기념식에서 "어딜 가도 사람들이 우리를 스위스Switzerland라고 부른다. 오늘부터 나라 이름을 에스와티니Eswatini로 바꾸겠다"라고 선포했다.

남아프리카공화국과 모잠비크 사이에서 이 대명천지에 아프리카 유일의 절대왕정을 꾸리고 있는 이 작은 나라에서는 국명을 바꾸는 중차대한 문제를 논의조차 하지 않았다. "짐朕이 곧 국가"이므로 국왕이 한번 선언하면 끝이다. 스와질랜드 왕국은 이날부터 에스와티니 왕국Kingdom of Eswatini으로 국명을 바꾸었다(둘 다 '스와티족의 땅'이라는 뜻이다).

에스와티니 왕국은 국왕이 언급한 것처럼 스위스와 비슷한 점이 많다(한국에서 아프리카로 올 무렵, 아들의 담임선생님이 우리에게 스위스에 가시냐고 물으셨는데 국명이 비슷한 스와질랜드에 왔으니 결국 스위스 같은 곳에 온 셈이다). 바다가 없는 내륙의 소국이고, 주변에 강대국에 둘러싸인 점이 그렇다. 하지만 문화와 통치방식, 국가의 실정은 스위스와 너무나 다르다.

에스와티니는 무엇보다 절대왕정 체제가 유지되다 보니, 국왕 음스와티

3세가 15명의 왕비를 두어도 누구 하나 문제를 제기하지 못한다. 일부다
처제가 합법적으로 허용되고 있으며, 성생활 문란으로 에이즈 보균자가
세계에서 가장 많은 나라로 국민의 26퍼센트가 에이즈에 감염되었고,
평균 기대수명도 58세로 짧다.

빈부의 차가 심하고 고용기회가 적어 많은 국민이 남아프리카공화국 광산
에 취업하고 있다. 국민의 절반 이상이 하루 1.9달러 미만으로 살아가며 전
체 실업률이 23퍼센트, 청년 실업률은 50퍼센트에 달한다. 이러한 빈곤이
왕실과 정부 때문이라며 분노한 국민들은 2021년 6월부터 민주화를 요구하
며 시위했고, 이것이 폭동으로 번지면서 수십 명의 사상자가 나오기도 했다.

에스와티니의 국토면적은 17,364제곱킬로미터로 강원도와 비슷하다. 인
구는 109만 명이라고 집계되어 있지만 명확하지는 않다. 수도는 음바바
네Mbabane이고 언어는 영어와 시스와티어Siswati가 공용어로 사용된다.
아열대성 기후로 주생산품은 설탕·펄프·철광·석면·석탄·감귤 등이다.
종족 구성은 스와티족이 97퍼센트이며, 기타 줄루족·통가족·상간족 및
유럽인이 소수여서 단일민족 국가나 다름없다.

한국은 1968년 11월 6일 외교관계를 수립했으며, 현재는 모잠비크 주재
대사가 그 업무를 겸임하고 있다. 북한은 에스와티니와 외교관계를 맺지
않았다.

그리운 사람들

에스와티니는 영국이 지배하던 나라로 은행, 교육, 통신, 교통, 모든 면으로 말라위보다 훨씬 앞서 있고, 외국인들이 지내기에 자유로웠다. 한국대사관도 있고, 정부에서 파송한 의사 세 가정과 대사관 직원을 포함해 열 가정 정도의 한국 교민들이 살고 있었다.

우리는 우선 가메제 목사님의 도움으로 한 교단에서 운영하는 토코자(Tokoza) 선교관에 머물게 되었고, 두 달쯤 지난 후에 시내에서 가까운 곳에 월세로 집을 얻어 이사 갈 수 있었다. 가메제 목사님이 원주민들에게 덕을 쌓은 분으로 잘 알려져서 우리가 필요한 부엌살림과 약간의 가구들을 월부로 구입하는 데 큰 도움이 되었다.

우리는 선교활동을 위해 에스와티니 이민국에 선교사 비자를 신청했다. 법적으로 비자가 나오지 않으면 사역을 할 수가 없었다. 그런 중에 남편은 폐병으로 기침을 많이 하고 쉽게 피로감을 느꼈다. 아들 학수는 취학 연령인데도 학교에 다니지 못하고 집에 있는 게 부끄러운지 아이들과 어울리지를 못하고 밖에도 나가지 않았다.

그런 아들이 안타까워서 가메제 목사님에게 상의하자 영국인이 운영하는 초등학교를 소개해주셨다. 그 학교에 찾아가서 당시 우리 형편을 말했더니 신앙이 좋은 교장 선생님이 선교사 자녀라고 기존 학비의 절반도 되지 않는 금액으로 학교에 다닐 수 있게 해주었다.

6개월쯤 지나 이민국으로부터 선교사 체류 허가를 받으라는 통보를 받고 우리는 에스와티니에 정착하기로 했다.

말라위는 통제가 많은 독재국가로 고립 상태여서 늘 긴장감이 감돌았는데, 에스와티니는 평화스럽고 자유로웠다. 또한 남아공과도 인접하여 식품과 공산품 등을 말라위보다 훨씬 싼 가격으로 구입할 수 있었다.

쌀도 내가 사고 싶은 만큼 살 수 있었다. 말라위에 있을 때는 쌀이 늘 부족해서 힘들었는데, 에스와티니에서는 밥을 해놓아도 오는 사람이 없어서 외로웠다. 말라위에서 현지인 교인들과 2년

6개월 동안 부대끼며 살던 생각이 자꾸 났다.

'아, 이맘때면 사람들이 와서 같이 빵 먹고 차 마시며 얘기하고 웃고 살았는데….'

나는 함께 살았던 사람들, 교회 지체들이 너무나 보고 싶어서 몇 달 동안 밤마다 울곤 했다.

1988년이 저물어가는 어느 날, 한 에스와티니 원주민 목사가 우리를 찾아왔다. 그는 고등학교 영어교사로 근무하다가 그만두고, 아코디언으로 찬양하며 전도를 하는 화쿠사 목사였다. 그때 우리는 에스와티니에서 동역할 수 있는 원주민 사역자를 보내주시길 간절히 기도하고 있을 때여서 기도의 응답으로 알고 함께 가까운 시장을 찾아다니며 전도하기 시작했다. 화쿠사 목사님은 아코디언으로 찬양하여 사람들을 모았고, 남편은 말씀을 전했다. 주일에는 중국인, 일본인, 미국인, 한국인 가정이 모여 예배를 드리고 점심 식사를 함께하면서 교제하기도 했다.

딸을 선물로 주시다

남부 아프리카에 속한 에스와티니는 뜨거운 날씨가 계속되었지만, 남편은 소수의 인원이 모이는 곳을 찾아다니면서 봉사했다. 우리는 우리 가족이 사는 음바바네 근처 빈민촌에 교회를 개척하려고 기도하며 준비하고 있었다.

그러던 중 1989년 1월 21일에 하나님께서 우리 가정에 딸을 선물로 주셨다. 내가 노산이어서 어려움이 있었으나 무사히 자연분만을 할 수 있도록 주님이 도와주셨다.

처음에는 임신 사실을 아무에게도 말하지 않았다. 그런데 하나님께서 캐나다에서 어떤 분을 통해 축축하게 젖은 미역을 보내주셨다. 당시에는 냉장고가 없어서 그냥 두면 상하겠기에 나는 출산 후에 먹으려고 염장을 해서 알고 지내는 한인 가정에 맡겨두었다.

토요일에 병원에서 아기를 낳았다. 병원에서는 이틀 후에 퇴원하라고 했으나 다음 날이 주일이어서 아침에 퇴원하고, 집에 오자마자 샤워를 한 다음 주일예배에 참석해 예배를 드리고 나서 다시 집으로 돌아왔다.

한국 의사 부인들이 미역국을 한 냄비 끓여다 줘서 먹고 잠이 들었다. 아기가 울면 아기만 끌어안고 다음 날 아침까지 잤다. 배가 고파서 잠이 깼는데, 아들이 소시지를 볶고 빵을 구워서 우유 한 컵과 같이 들고 왔다.

"엄마, 내가 맛있는 걸 했지?"

"그런데 엄마는 아기를 낳아서 미역국과 밥을 먹어야 해."

"왜? 미역국 없는데….."

"미역국이 왜 없어? 어저께 많이 있었잖아."

"그거 우리가 다 먹었는데."

밥해주는 사람이 누워 있으니까 가메제 목사님과 남편, 아들이 저녁과 아침으로 그 많은 미역국을 다 먹은 거였다.

"아니, 나 먹으라고 끓여 놓은 걸 다 먹어버렸다고?"

부엌에 나와보니 정말 다 먹고 냄비가 깨끗이 비어 있었다. 하는 수 없이 밥을 안치고 이웃에 맡겨둔 미역을 찾아오라고 해서 다시 국을 끓였다.

'이틀 전에 아기 낳은 산모가 찬물에 손 담그고 스스로 밥과 미역국을 해 먹다니….'

서러운 마음이 들었지만 그래도 감사했다. 선교지를 에스와티니로 옮겨온 후 남편의 건강이 회복되게 하시고, 딸까지 선물로 주신 주님의 크신 사랑에 한없는 감사를 드렸다. 남편은 우리가 믿음의 조상 아브라함처럼, 자녀보다 하나님을 먼저 사랑하는 가정이 되게 해달라고 기도드렸다.

신앙과 인생의 멘토

우리가 아프리카 원주민선교에서 받은 무엇보다 큰 축복은 가메제 목사님과의 만남이었다. 목사님은 토코자 선교관에서부터 우리와 함께 거주하며 신앙의 선배와 스승으로서 선교사역을 함께했다.

가메제 목사님의 부친은 미국인 여선교사의 마차를 끄는 마부였다고 한다. 그는 선교사님을 통해 예수님을 영접하고 선교사님과 선교센터에서 가족과 살았는데 어느 때부터인가 하나님께서 자기를 설교자로 부르신다는 감동이 왔다.

그는 글을 배우지 못하여 성경을 읽을 수 없었기 때문에 선교사님에게 "저도 학교에 가서 글을 배우고 싶습니다. 글을 배우게 해주세요"라고 부탁했다. 그러나 선교사님은 "당신이 없으면 내가 여자로서 어떻게 혼자 마차를 타고 다닐 수 있겠느냐?"라고 하면서 허락하지 않았다.

실망한 그는 하나님의 인도를 받기 위하여 산에 올라가 3일 금식을 하면서 기도하는데 이틀째 되는 날 갑자기 눈이 열리면서 성경을 읽을 수 있게 되었다. 금식을 마치고 산에서 내려와 선교사님을 만나 "하나님께서 제 눈을 열어주셔서 학교에 가지 않아도 이제 글을 읽을 수가 있습니다" 하고 성경을 줄줄 읽으니 그 선교사님이 깜짝 놀랐다. 그 후 그는 목사님이 되어 유명한 부흥강사로서 에스와티니와 남아공화국 전역을 다니면서 복음을 전파했다.

어느 날 그는 에스와티니에서 600킬로미터 떨어진 남아공화국의 줄루란드(Sululand) 지역에 있는 한 동네로 저녁 집회를 하러 갔다. 집회 후에 한 건장한 청년이 다가오더니 "당신 같은 사람 때문에 우리 마을에 오랫동안 비가 내리지 않는다"라며 막대기로 그의 머리를 쳐서 피가 흘러내렸다. 그러자 화가 머리끝까지 난 그가 큰 소리로 "하나님! 저 사람이 당장 죽게 하소서"라고 소리를 지르자 청년이 즉사했다고 한다.

그는 성이 잔뜩 난 동네 사람들 앞에서 "다음날 10시까지 소를 잡아서 앞산에 가서 누가 비를 내리는지 시험해보자"라고 선언하고, 다음날 전도자 몇 사람과 산 위로 올라갔다. 동네 사람들도 미리 소를 한 마리 잡고 기다리고 있었다.

열왕기상 18장에서 엘리야 선지자가 갈멜산에 바알 선지자 사백오십 명과 아세라 선지자 사백 명을 모으고 소의 각을 떠서 단에 올려놓고 불의 응답으로 누가 참된 하나님인가를 판가름했듯이, 그도 현대판 엘리야가 되어 그 자리에서 '누가 살아계신 참된 하나님인가?'를 판가름한 것이다.

줄루란드 동네 사람들이 5시간 동안 기도하면서 비가 오기를 부르짖었지만 비는 내리지 않았다. 그러나 그와 5명의 전도자들이 모여 기도할 때 하나님께서 들으시고 2시간 후부터 비를 내려주셨다고 한다.

그 후 그는 절대로 자기를 대적하는 사람들을 저주하지 않았고, 또 자녀들과 후배 목회자들에게 "대적하는 사람들이 있어도 절대로 저주하지 말라"라고 늘 당부했다고 한다. 이후 에스와티니에서 유명한 부흥강사가 되어 많은 부흥회를 인도하다가 하나님의 부르심을 받아 천국에 가셨다고 한다.

아버지가 유명한 목사였지만 어린 시절 가메제 목사님은 신앙이 없었다고 한다. 미국인 선교사의 도움으로 초등학교에 다니던 어느 날, 하교 후 집으로 돌아오는 길에 고구마밭을 매고 있는 어머니를 만났다. 그런데 어머니가 아들을 보자마자 갑자기 눈물을 흘리면서 말했다.

"내 아들아. 너는 나와 네 아버지가 가는 곳으로 올 수 없으니 너무 슬퍼서 눈물이 난다."

"어머니, 아버지가 도대체 어디로 가시는데 저는 못 가나요?"

그러자 어머니가 울며 "나와 네 아버지는 죽으면 예수님을 따라 천국에 가게 된단다. 그러니 너도 예수님을 영접하고 죽어서는 꼭 천국으로 같이 가자" 하고 아들을 전도하여 가메제 목사님도 예수님을 영접하게 되었다.

가메제 목사님은 우리와 함께 사역하면서 남편에게 다음과 같이 몇 가지 중요한 조언을 해주셨다.

첫째, 아프리카에서 큰 선교를 하려면 말로만 하지 말고 교회와 학교, 병원, 고아원 등의 프로젝트를 시작할 때부터 확실하게 문서화하라는 것이다. 서두르지 말고 반드시 변호사와 함께 건물과 부지에 관한 서류들을 문서화해야 하며, 그래야 선교회에서 설립한 하나님의 사역들을 지킬 수 있다고 한다.

둘째, 교회, 학교, 병원을 설립한 후에도 남편이 높은 지위를 갖지 말고 비전과 전문성을 가진 사람들을 모아서 위원회를 구성하여 위원장을 선출하고 자신은 총무 정도의 위치에서 헌신해야 한다는 것이다. 가메제 목사님 자신도 교육부 장관 시절이나 국왕의 비서로 지낼 때, 자신을 넘어뜨리려는 자들로부터 여러 번 공격을 받아 위험한 고비를 넘기곤 했다고 한다.

우리는 처음 사역을 시작할 때부터 목사님의 이런 권면을 받아들여 사역을 철저히 문서화하여 선교회의 재산을 법적으로 지킬 수 있었고, 사역을 시작할 때부터 지금까지 중간 위치의 직분으로 사역한 덕분에 우리를 쓰러뜨리려던 여러 공격을 피할 수 있었다.

목사님과 우리는 자연스럽게 한 가족처럼 살았다. 나는 가메제 목사님을 때로는 친정아버지처럼 의지했다. 집을 얻어 이사하고 나서는 방 한 칸을 목사님에게 내어드리고, 1988년부터 2006년까지 18년 동안 집안의 아버지처럼 모시고 살았다.

목사님은 2006년에 "아들이 사는 남아공에 잠시 다녀오겠다" 하고 간 후에 갑자기 건강이 나빠져서 다음 해에 87세로 하나님의 부르심을 받으셨다.

우리는 목사님으로부터 신앙, 인격, 지혜, 인내, 선교에 대해 많은 것을 배우고 체험했다. 그 분 덕분에 교육선교를 이해하게 되었고, 실행할 수 있었고, 그 과정에서 실제적인 도움도 많이 받았다. 물론 문화적 차이로 이해하기 힘들 때도 있었지만, 모두 그립고 아름다운 추억으로만 남았다.

"믿음의 영웅, 가메제!"
신문에 실린 가메제 목사님의 소천 기사

일상이 된 도둑의 출몰

에스와티니에 처음 집을 얻어 가메제 목사님과 같이 살 때의 일이다. 누군가 문을 두들겨서 내다보면 "문을 안 열면 죽인다!" 라고 소리를 질렀다. 무서워서 도저히 살 수가 없었다. 내가 두려워 떨자 목사님이 말했다.

"에스와티니에는 도둑이 없고 도둑은 다 모잠비크에서 온 피난민이오. 일자리가 없고 배가 고프니 들어와서 냉장고에서 먹을 거나 훔쳐가지 크게 나쁜 짓은 안 하니까 너무 걱정하지 마시오."

남편이 모잠비크에 가면 일주일 정도 집을 비웠는데 그때면 꼭 도둑이 왔다. 가메제 목사님이 힘없는 노인이지만 그래도 내게는 의지가 되었는데, 목사님도 안 계셔서 둘 다 집을 비운 사이 도둑이 올 때도 있었다.

처음에는 바깥에서 문 뜯는 소리가 들리면 도둑이 들어왔다고 경찰에 연락했다. 그러면 경찰은 "지금 차가 다 나가서 없으니 차가 들어오면 가겠다" 하고는 아침이 되어서야 왔다. 그러니 남편이 집을 비우는 동안 나는 누워서 편히 잘 수가 없었다.

기도하며 나 혼자 철야를 했다. 방언으로 기도하고 찬양하다가 하나님의 임재를 느끼곤 했다. 하지만 그렇게 좋아서 기뻐하다가도 도둑이 와서 문을 따려 하는 소리가 들리면 머리카락이 다 위로 솟는 것 같았다.

그러면 나는 아들을 불렀다. 애는 자느라고 듣지도 못하는데 총을 갖고 오라고 영어로 소리를 질렀다. 실은 총도 없는데 바깥에서 도둑이 들으라고 일부러 그런 것이지만, 그 소리를 들으면 도둑들은 슬그머니 도망을 가버렸다. 수십 차례 집에 좀도둑이 들어왔다. 그렇게 아들과 갓난아기였던 딸과 공포에 떨며 지새운 밤이 얼마나 많았는지 모른다.

'김'이라는 이름의 여자아이

> 오직 성령이 너희에게 임하시면 너희가 권능을 받고 예루살렘과
> 온 유대와 사마리아와 땅끝까지 이르러 내 증인이 되리라 행 1:8

우리는 아프리카 원주민선교를 감당하면서 이 말씀을 붙들어 성령의 권능으로 많은 환자를 치유할 수 있었다. 하나님은 우리의 기도를 통해 태중의 아이도 붙들어주셨다.

1988년 어느 날, 남편은 동역자 마셀렐라 전도사님을 통해 전쟁 중인 모잠비크의 수도 마푸토에 있는 한 장로교회 여전도회장 집에 점심 식사 초대를 받았다.

즐거운 식사를 마친 후 여전도회장이 딸의 어려움을 들려주었다.

"결혼한 딸이 임신한 지 8개월 정도가 되어 두 번이나 사산했어요. 지금은 다시 세 번째로 임신하여 7개월이 되었는데 또 사산하지 않을까 걱정스럽고 두렵습니다. 김 선교사님, 제 딸을 위해 기도해주세요."

그리고 딸을 불러 소개했는데, 딸은 20대 중반 정도 된 미모의 여성으로 두려움 때문인지 평안이 없어 보였다고 한다.

"자매님은 예수님을 구주로 영접했습니까?"

"교회에 다니기는 하지만 아직 주님을 영접하지는 못했어요."

성령께서 남편에게 '그녀를 상담하여 믿음을 갖게 하고 예수를 영접시키라'라는 마음을 주셨다. 남편은 그녀에게 복음을 들려주며, 예수님이 어떤 분이시고 우리를 사랑하셔서 어떻게 자신을 희생하셨는지 설명한 후에 다시 물었다.

"자매님, 예수님을 구주로 믿으십니까?"

"예, 믿습니다."

그녀는 확실하게 대답했다.

"사람이 마음으로 믿어 의에 이르고 입으로 시인하여 구원에 이르느니라"(롬 10:10)라는 하나님의 말씀대로 그 자매는 주님을 영접했다. 주님을 영접한 자매의 얼굴이 금세 밝아졌다. 남편이 말했다.

"이제는 하나님의 딸이 되었으니 예수께서 배 속의 아기를 지켜주실 것입니다. 앞으로 조금도 염려하지 말고 '나는 하나님의 딸이다. 꼭 예쁘고 건강한 아기를 낳을 것이다'라고 큰 소리로 매일 선포하십시오."

남편과 마셀렐라 전도사님은 간절한 마음으로 아기를 위해 예수 그리스도의 이름으로 기도를 하고 숙소로 돌아왔다.

일 년 정도 지난 어느 날, 그 가정에 다시 식사 초대를 받았다. 그날도 여전도회장은 귀한 음식들로 정성껏 식단을 꾸려 대접해 주었고 식사를 마치자 이렇게 말했다.

"일 년 전 선교사님의 기도로 하나님께서 태중의 아이를 지켜주 셔서 손녀가 지금 예쁘게 자라고 있습니다. 정말 감사합니다. 우 리는 아기의 이름을 선교사님의 성을 따서 '김'이라고 지었습니다."

그래서 모잠비크 마푸토에는 '김'이라는 이름을 가진 여자아이 가 있다. 여전도회장의 딸은 태어나기도 전에 사산한 아기에 대 한 슬픔과 두려움이 있었지만, 오히려 그로 인하여 주님을 영접 하게 되었고, 그녀에게 건강한 딸을 선물로 주신 하나님께 감사 와 찬송을 드렸다.

'김'이라는 이름의 남자아이

아프리카에서 집회를 하면 많은 환자가 참석한다. 설교가 끝 나면 환자들을 위한 기도 시간을 갖는데, 때로는 기도 시간이 설교보다 더 길어질 때가 많다.

남편이 집회 때마다 환자들을 위해 기도하는데, 기도를 받은 사람들 대부분이 치료를 받았다고 간증하는 때도 있지만 간증하는 사람이 하나도 없을 때도 있다. 그러면 무척 실망이 되기도 하고 그가 무얼 잘못한 건 아닌지 염려하기도 했다.

그러나 남편이 자만하지 않도록 주님께서 원하시는 곳에서 원하시는 때에 치료의 기적을 나타내신다는 것을 알게 된 후로는 치료의 기적이 없어도 마음의 평정을 유지할 수 있었다.

1993년, 남편은 남아공의 항구도시인 포트 엘리자벳(Port Elizabeth)의 한 교회에 부흥회를 인도하러 갔다. 부흥회에는 인도인, 백인 그리고 백인과 흑인 사이에서 태어난 혼혈인들 100여 명이 모여 있었다.

닷새의 집회가 끝난 후 환자를 위하여 기도하는 시간을 가졌다. 기도가 끝난 후 30대 중반으로 보이는 자매가 "저는 몇 년 동안 암으로 고생하고 있었는데 김 선교사의 기도를 받고 깨끗이 치료되었습니다"라고 간증했다. 암을 치료받은 후 그녀는 여러 번 에스와티니 선교센터로 찾아와서 봉사했다. 그녀의 남편도 임마누엘 신학교 건축을 할 때 몇 개월 동안 봉사했다.

남편이 포트 엘리자벳 집회를 은혜롭게 마치고 돌아오려고 하는데, 30대 중반으로 보이는 백인 남자가 다가와 부탁했다.

"저는 아이반이라고 합니다. 선교사님을 따라 에스와티니로 함께 가서 사역을 돕고 싶습니다. 허락해주십시오."

처음 만난 사람이 갑자기 에스와티니로 따라가 함께 살면서 사역을 돕겠다고 하니 남편은 난처했던 것 같다. 에스와티니에 남아 있는 내게 전화를 하여 동의를 얻은 후 그를 데려왔다. 아이반은 에스와티니의 선교센터에서 얼마간 지내며 자신의 이야기를 들려주었다.

"저는 남아공의 부유한 가정에서 태어났습니다. 그러다가 이스라엘 성지순례를 가서 만난 독일 여자와 서로 사랑하게 되어 결혼했습니다. 딸 둘과 아들 하나를 낳고 행복하게 살았지요. 그런데 제가 재정적으로 어려워지자, 어느 날 아내가 아이들을 데리고 독일 친정에 잠시 다녀오고 싶다고 했습니다. 약 2개월만 친정에 다녀오기로 약속했는데 아내는 아이들을 데리고 독일로 떠난 후 연락을 끊어버리고 말았습니다."

이야기를 듣고 보니 사정이 참으로 딱하고 이분은 예수님의 위로와 치료가 필요한 사람이라고 생각되었다. 그래서 그를 한 가족의 일원이자 동역자로 받아들여 선교센터에서 함께 살기로 했다.

우리는 아침과 저녁에는 간단하게 죽과 빵을 먹고, 점심에는 한국식으로 밥과 반찬을 만들어 식사했는데, 하나님께서 때에 따라 우리의 필요를 채워주시고 먹을 것과 입을 것을 공급해주셔서 가난한 살림이지만 늘 사랑과 평화가 있는 생활을 했다.

효과적인 선교를 하려면 신학적인 선교지식이나 조직을 갖추기보다 현지인 동역자를 잘 만나야 한다. 하나님께서는 아프리카 대륙 복음화를 위해 가메제 목사님과 아이반 형제를 선교센터에 보내주시고 함께 살게 하시면서 선교 동역자로 세워주셨다. 우리는 가끔 밤새 선교 이야기를 했는데, 대부분 가메제 목사님이 이야기하고 우리와 아이반 형제는 듣는 시간이었다.

아이반 형제는 신실하고 순종하는 사람이어서 우리가 먼 지역으로 선교를 나갈 때는 운전사가 되어주었고, 선교센터에 축대를 쌓을 때는 현지인들을 고용하여 필요한 벽돌을 만들어주기도 했다. 그렇게 선교에 봉사하며 지내는 동안 마음의 상처도 치유되었다.

약 일 년이 지난 후 그가 말했다.

"그동안 베풀어준 배려와 사랑에 감사합니다. 저는 김 선교사님 부부를 부모님처럼 존경하고 사랑합니다. 제가 앞으로 결혼하여 하나님께서 아들을 주시면 선교사님의 성을 따라 이름을 '김'이라 부르겠습니다. 그동안의 선교사역을 통해 많은 것을 배웠는데, 선교활동은 내게 힘든 일이었습니다. 이제 마음이 안정되었으니 사업을 시작하고 결혼도 해서 김 선교사님을 물질적으로 돕기 위하여 정들었던 선교사님 가족과 선교지를 떠나려 합니다."

우리도 아쉬운 마음이 컸지만 그를 보내주기로 했다. 아이반 형제는 에스와티니를 떠나 남아공에서 새로운 사업을 시작했고,

중국인 여인과 재혼하여 아들을 낳았는데 약속대로 이름을 '김' 이라 지었으며 그 아들은 2년 전에 법대를 졸업하여 현재 변호사로 일하고 있다. 아이반 형제는 일 년에 한 번씩 에스와티니 선교지를 방문하여 단기선교를 하며 물질로도 선교사역에 도움을 주는 현지 선교 동역자로 함께하고 있다.

그리고 아이반 형제는 에스와티니를 떠나기 전, 자신과 성경공부를 하던 3명의 에스와티니 청년을 남편에게 소개해주었는데 남편은 아이반 형제가 떠난 후 그 청년들과 성경공부와 기도 모임을 계속했고 후에 그들과 함께 현재의 이시드라(Isidra)교회를 개척했다.

오해가 불러온 환난

1994년에는 에스와티니의 수도 음바바네의 빈민 지역 마활랄라(Mahwalala)에 교회를 개척했다. '마활랄라'의 뜻은 '어두움'인데 비가 오는 우기철에는 안개가 자욱하여 1미터 앞도 보이지 않을 정도여서 그런 이름이 붙었다고 한다. 주로 무당, 도둑, 깡패들이 모여 살며, 강간과 살인 사건도 많은 우범지역에 청년 두세 명을 모아 개척했는데, 시작부터 많은 어려움이 있었지만 성령님의 도우심으로 교회는 성장했다.

처음에는 예배드릴 장소가 없어서 한 원주민 청년의 방을 빌려 예배를 드리다가 좀 더 부흥되어서는 마른 나무껍질을 헐값으로 구해 그 집 마당에 교회 건물을 세웠는데, 계속 성장하여 두 번이나 확장했다.

마할랄라에 처음으로 개척한 교회
이시드라교회를 건축하기 전까지 이곳에서 예배드렸다.

어느 날 주일예배를 마치고 저녁 시간에 집에서 쉬고 있는데 한 청년 성도로부터 전화가 왔다. 그는 무척 당황한 목소리로 말했다.

"선교사님, 큰일 났습니다. 에스와티니의 국영 방송 저녁뉴스에 '한국에서 온 김 선교사가 마활랄라 지역에 통나무 껍질로 교회를 세워놓고 예배를 드리면서, 주일날 성찬식에 어린아이를 죽여 그 피를 성찬 예식의 포도주 대용으로 사용하며 교인들에게 나눠주어 마시게 한다'라고 보도가 되어 주민들이 분노하여 교회당에 불을 지르라고 소리치고 있습니다."

정말이지 믿기 어려운 말이고 너무나 기가 막힌 노릇이었다.

'교회에서 성찬식을 한 적도 없는데 어린아이를 죽여서 그 피를 마시게 하는 살인자로 몰리다니, 도대체 이럴 수가 있단 말인가?'

"아마 내일 아침 신문에 분명히 주요 기사로 보도되고, TV 방송국의 기자들이 교인들을 모아놓고 인터뷰를 할 것 같습니다."

말라위에서는 식인종으로 몰려서 봉변을 당했는데 이번에는 흡혈귀로 몰려서 교회당이 불타고 목숨이 위험에 처하거나 추방을 당할지 모른다고 생각하니 너무나 불안하고 걱정이 되었다. 그러나 가메제 목사님은 이 말을 듣고도 침착하게 말했다.

"하나님께서 큰일을 하시려고 하면 언제든지 마귀가 먼저 알고 공격하는 것이니 너무 염려하지 마시오. 지금 김 선교사가 당하고 있는 고통은 우리 신앙의 선배들이 먼저 당했으며, 사도 바울도 똑같은 어려움을 당한 것을 기억하면 도움이 될 것이오."

예상했던 대로 다음 날 아침 신문에 '어린아이의 피로 성찬식을 하는 한국에서 온 선교사'라는 제목의 기사가 실렸고, TV 기자들이 통나무 껍질로 세워진 교회를 찾아와 원주민 교우들을 모아놓고 피의 성찬식에 대해 집요하게 물었다. 그러나 인터뷰를 하는 교회 청년들이 강력히 우리를 변호했다.

"김 선교사님에 대한 방송과 신문의 보도는 모두 다 모략과 허위보도입니다. 오히려 우리는 주정뱅이에 날마다 싸움질만 일삼던 깡패들이었는데, 선교사님을 통해 복음을 받아들여 새사람이 되었습니다. 당신들이 선교사님의 사역을 도와 드리지는 못할망정 억울한 누명을 씌우려고 하는 것은 너무나 잘못된 행위입니다."

나중에 밝혀진 바로는, 우리가 교회를 세운 지역의 이단 종파 회장이 우리 교회가 날로 성장해가는 것이 두려워 그런 누명을 씌운 것이라고 했다.

두렵고 외로웠지만, 하나님께서 우리가 눈물로 드린 기도를 들으시어 상황을 바꿔주시고 진실이 드러나게 하셨다. 신문사에서는 정정 보도를 했고, 라디오 방송국에서 피의 성찬을 일방적으로 보도했던 아나운서가 파면되었으며, TV 방송에서도 교우들의 인터뷰와 간증을 통해 진실이 보도되었다.

그러나 진실이 밝혀졌어도 이 사건은 사역에 감당하기 힘든 큰 타격을 입혔다. 사람들이 교회를 멀리하고, 나중에는 교회를 위해 적극적으로 일하던 청년들마저 두려움을 느끼고 교회를 떠났다. 그 후로도 수년 동안 시골 지역에 교회를 개척하는 데에도 이 보도 사건으로 어려움을 당했다.

문제의 지역인 마활랄라에 현재는 순복음 바르셀로나교회(최원철 목사)를 통해 500여 명을 수용할 수 있는 현대식 건물의 교회당이 건축되었고, 사임기독고등학교가 설립되었으며, 고아원과 교육관이 건축되어 많은 학생이 복음을 배우며 공부하고 있다.

그 외에도 주민들을 위한 구제사업과 복음 전파 사역이 날로 확장되어 하나님의 성령의 불길은 영적 암흑 지대와도 같은 아프리카 대륙에 힘차게 번져 나가고 있다.

누가 우리를 그리스도의 사랑에서 끊으리요 환난이나 핍박이나 기근이나 적신이나 위험이나 칼이랴 **롬 8:35**

이 말씀처럼 우리는 아프리카 선교 현장에서 어떠한 환난과 시험도 주님의 능력으로 헤쳐나가며, 아프리카 대륙에 부어주시는 하나님의 사랑 안에서 복음을 전파하며 주님의 고난에 동참하고 있다.

새롭게 건축한 이시드라교회

이시드라교회와 교육관, 성실 고아원

ACM 선교센터 건립

"우리 국적을 바꾸자."

딸 학영이가 다섯 살쯤 되었을 때, 불쑥 남편이 말했다.

"아휴, 또 무슨 국적을 바꿔요?"

"아프리카에서 선교사로 올 때 생명을 걸고 여기서 살려고 왔으니 한국 국적은 필요가 없어. 그리고 말라위에 있을 때 '100일 안에 재정을 보내주시면 내 국적을 바꿔서 하나님을 섬기고 정말 이 땅에 뼈를 묻겠습니다'라고 서원했던 게 기억났어."

"그래도 그냥 한국 국적 갖고 살아요. 국적 바꾸지 말고."

이렇게 대답하면서 이틀 동안 내가 국적 바꾸기에 동의하지 않으니까 옆에 있던 아들이 말했다.

"엄마, 한국 국적 갖고 가면 천국에 들어가기가 더 쉬워요?"

그 말에 나는 회개하지 않을 수 없었다. 결국 우리는 국적을 바꾸었는데, 이후에 교회를 세우고 학교를 짓는 데 행정적으로 큰 도움이 되었다.

남편은 신학교를 하겠다는 마음이 늘 있어서 "우리가 당장 신학교는 못 하지만 신학생은 키울 수 있겠다"라고 했다. 그래서 에스와티니, 말라위, 모잠비크의 똑똑한 아이들을 데려다가 공부시키기 시작했는데 아이들 학비를 내주고, 집세를 내고(당시 집세 300달러를 내기가 너무 벅찼다), 또 아이들이 한 달에 한 번 집에 가는 차비까지 주다 보니 너무 쪼들렸다. 그러자 남편이 월세를 아껴서 아이들을 더 데려다 가르칠 수 있도록 집을 지으면 좋겠다고 했다.

"집을 짓자고요? 우리 형편에 어떻게⋯. 그런데 얼마나 있으면 지을 수 있어요?"

"한 2천만 원만 있으면 짓지."

"정말 그 돈이면 지을 수 있어요? 그럼 당신이 갚아준다고 약속만 하면 내가 빌려볼게요."

그 얼마 전에 동생 가족이 와서 일주일 정도 있다 갔는데 동생이 울면서 내게 말한 것이 생각났다.

"언니, 이게 사람 사는 게 아니잖아. 내가 조카 둘은 키워줄게. 형부는 아프리카를 너무 좋아하니 혼자 사시라고 하고 언니는 한국 가자. 세 식구는 내가 책임질게."

"나는 네가 더 불쌍해. 나는 여기가 얼마나 행복한지 몰라."

"언니, 정말 정신이 어떻게 된 거 아니야?"

동생 가족은 떠나면서도 우리를 매우 안타깝게 생각했다. 그래서 나는 동생에게 돈을 빌려볼 요량이었다. 처음에는 5천만 원 정도 얘기하려다가 너무 많다고 할 것 같아서 3천만 원만 말했다.

"형부가 여기에 집을 지으려고 하는데 3천만 원만 빌려줄 수 있겠니?"

동생이 흔쾌히 돈을 줄 테니 한국에 나오라고 해서 나는 딸 아이를 데리고 갔다. 동생은 내게 이렇게 신신당부하며 항공료까지 해서 3천 5백만 원을 주었다.

"그 집은 꼭 언니 명의로 해야 해. 형부를 믿지만 그래도 사람 일은 모르니까."

돈을 가지고 왔더니 남편은 집이 아니라 교회를 짓자고 했다. 내 생각에도 우리가 살 집보다는 성전을 먼저 짓는 게 맞는 것 같았다. 물론 동생이 알면 펄쩍 뛸 일이었지만…. 그런데 가메제 목사님이 집을 짓자고 했다.

"하나님께서 주신 돈 갖고 내가 당장 필요한 것을 하지 않고 교회를 지으려는 마음은 참 좋은데, 그래도 집값으로 받은 것이니 집을 짓는 게 좋겠소. 대신 선교센터로 정부에 등록하고, 선교를 위해 집을 씁시다."

남편도 동의하며 좋다고 했다. 그러면서 한술 더 떴다.

"그럼 이왕 짓는 거 큰 집을 짓지요. 모자란 돈은 은행에서 빚을 얻어서 크게 지읍시다."

가메제 목사님과 남편이 박수까지 치면서 좋아했다. 그래서 우선 땅값이 좀 싼 데다 땅을 사고 집을 짓기 시작했다.

그런데 집을 짓는 6개월 동안 남편은 미국, 영국, 캐나다, 한국으로 선교 보고를 다녔고, 집을 짓는 세부적인 일은 가메제 목사님과 내가 거의 다 했다. 가진 돈이 다 떨어져 갈 무렵에야 남편이 돌아왔다. 집을 담보로 은행 빚을 얻어 2층으로 건물을 올

렸고 그 빚을 다 갚는 데 5년 정도 걸렸다.

집은 아프리카 대륙선교회(Africa Continent Mission, ACM)의 선교센터로 정부에 등록하여 1층은 신학생들이나 단기선교팀들이 쓰고, 2층은 우리가 사용하고 있다.

에스와티니 ACM 선교센터

내가 들어갈 자리가 없구나

우리는 한국에서 오랫동안 기도와 물질로 선교에 동참하는 목사님들에게 신학교 건축에 대한 후원을 요청했다.

"아프리카에 신학교를 설립하여 현지인 사역자들을 배출할 수 있다면, 선교의 비전인 500교회 개척과 100교회 건축은 멀지 않은 시기에 가능할 것입니다."

몇 교회가 초교파적으로 한 교회당 1천만 원 정도의 액수를 목표로 세워놓고 기도하면서 2년 동안 모금을 했는데 계획대로 일이 잘 진행되지 않았다.

계속 하나님께 도움을 구하며 기도하던 중, 기독교대한하나님의성회 세계선교회 총재이신 박정근 목사님이 시무하는 대조동 순복음교회에서 선교 보고를 했다. 몇 분의 장로님이 신학교 설립을 궁금해하셨다.

"신학교를 설립하는 데 필요한 물질이 얼마나 됩니까?"

"대략 20만 달러(당시 환율로 약 2억 5천만 원) 정도가 필요하다고 봅니다."

"그 정도라면 우리 교회에서 할 수 있을 것 같으니 당회장이신 박정근 목사님께 자세히 말씀을 드려보시지요."

다음날 목사님으로부터 20만 달러의 신학교 설립 후원금을 약속받았다. 아프리카 대륙에 복음의 문이 활짝 열리게 되리라는 확신과 신학교 설립이 현실로 이루어지기 시작한다는 기대로 가슴이 부풀었다.

우리는 먼저 신학교로 사용할 건물을 찾아다녔는데 에스와티니와 남아공의 국경선 부근에 병원이었던 건물이 있어 알아보니 마침 약 20만 달러 정도였다. 그곳은 큰 부자가 살던 곳으로 건물 안에 경비행기 활주로까지 있었다. 당시 시세로 보면 정말 싸게 나온 거라고 했다. 남아공이 인종차별이 만연했다가 흑인 만델라가 대통령이 된 직후여서 백인 주인이 빨리 건물을 매각하고 떠나려 한다고 했다.

남편은 나에게 돈을 빌려오라고 했다.

"대조동 순복음교회에서 먼저 1억을 헌금했고 나머지는 시간이 필요하다고 하네. 차액은 우리가 한국에서 빌려다가 우선 신학교 건물을 구입하면 교회에서 꼭 갚아준다고 약속했으니 한국에서 1억 정도 빌려와요."

"아니, 1억이 누구네 애들 이름이에요? 어디 가서 그 돈을 빌려요? 난 안 가요!"

그렇게 버티고 있는데 남편이 시름시름 앓기 시작했다. '이 사람이 하고 싶은 걸 못 하니 생병이 났나?' 싶어서 아무 대책 없이 한국에 나왔다. 빌릴 데가 없으니 동생에게 갔다.

"어떻게 왔어?"

"응… 그게….'

내가 돈 얘기는 꺼내지도 않았는데 동생이 사업이 안 돼서 힘들다는 얘기를 꺼냈다.

'돈 얘기하면 큰일 나겠구나. 돈 빌리러 온 게 보이나?'

동생 집에서 그냥 나오는데 마음이 너무 힘들었다. 며칠 후 셋째 시누이를 만났다.

"언니, 너무 힘들지?"

"응, 오빠가 돈을 빌려오라는데 어디서 빌려야 할지 큰일 났네. 고모가 좀 빌려줄 수 있을까?"

"내가 그런 돈이 어디 있어. 그보다 우리 시골에 가는데 우리 집에 와서 좀 쉬어."

"응. 나 거기 가서 기도 좀 밤새 할게."

밤에 잠도 안 자고 기도를 했다.

'하나님, 나를 왜 이렇게 초라하게 만드세요. 내가 무슨 죄가 그렇게 많다고 사람들이 날 보면 돈 달라고 할까 봐 막 피하게 하세요? 나는 이제 아프리카로 돌아가지도 못하고 갈 데도 없으니 어쩌면 좋아요? 맨손으로 어떻게 가요?'

막 울다가 회개를 했다.

'하나님, 제가 잘못했어요. 빈손으로 그냥 가라고 하시면 그냥 돌아갈게요.'

그때 하나님이 이런 마음을 주셨다.

'네가 너무 똑똑해서 네 계획을 너무 철저하게 짜놔서 네 마음
에는 내가 들어갈 자리가 없구나. 네 계획대로 해라.'

'하나님, 제가 잘못했어요. 그런데 이대로는 못 가요. 돈 주세요.'

아프리카에 마음을 모아주세요

기도하다 울다 시계를 보니 새벽 3시였다. 에스와티니는 저
녁 8시였다. 나는 너무 외로워서 남편에게 전화했다. 실은 "여보,
나를 위해서 기도해줘. 너무 힘들어"라고 말하려고 했는데, 남편
의 목소리가 들리자마자 내 입에서 엉뚱한 말이 나왔다.

"여보, 그 건물 계약해도 되겠어요."

"일이 잘되고 있어?"

"응, 잘 돼."

"할렐루야!"

남편이 몹시 기뻐했다. 난 다른 말은 하지도 못하고 속으로
생각했다.

'내가 정신이 정말 이상해졌구나. 집에도 못 가겠구나. 돈도
안 되었는데 이런 말을 왜 한 거지? 내가 미쳤지, 미쳤어.'

기가 막혀서 눈물도 안 나왔다.

"아, 그리고 우리를 후원하는 부산 순복음안락교회 최수근 목사님이 안부 전화를 주셨어. 당신 안부를 물으시기에 한국에 갔다고 했더니 왜 연락을 안 했냐고 하시네. 당신이 한번 연락 드려 봐."

"알았어요."

통화를 마치고 간신히 잠이 들었다. 그런데 아침부터 여기저기서 전화가 오기 시작했다.

"사모님, 한국 나오셨는데 왜 연락을 안 하세요?"

"오늘 교회 어디로 가세요? 안 정하셨으면 우리 교회 오세요."

"우리 교회는 주일 저녁 예배에 오세요."

하나님께서 역사하셔서 교회들로부터 초청이 들어오기 시작했고, 대조동 순복음교회 박정근 목사님이 많은 교회에 나를 보내어 신학교 설립을 위한 재정을 모금할 수 있도록 도와주셨다(박정근 목사님은 신학교 설립을 할 수 있도록 2억 원을 후원하셨고 또한 말라위에 20곳의 교회를 건축하셨다). 교파를 초월하여 많은 교회에서 연락이 왔다. 남편에게 전화로 비행기표를 2주간 연장해달라고 하고, 교회에서 오라는 대로 다 갔다.

아프리카에 도착해서 겪은 이야기들과 에스와티니에 신학교를 준비하는 과정들을 나누었다. 어느 교회에서 간증을 마치고 교회에서 잡아준 숙소로 갔다. 쉬고 있는데 누군가 문을 두드렸다. 결혼한 지 얼마 안 되는 젊은 전도사 부부였다.

"선교사님, 간증을 듣고 저희가 가만히 있으면 안 될 것 같아서 찾아왔습니다."

그러면서 다이아몬드 결혼반지를 내밀었다.

유기상 목사님이 시무하시는 하안동의 서광교회로 금요예배를 드리러 갔다. 그런데 문을 열어주는 사모님의 얼굴이 밝아 보이지 않고 내가 왜 왔는지도 잘 모르는 것 같았다. 같이 식사하며 이야기를 나누다가 교회에 소송이 걸려서 공탁금도 걸어야 하고 많이 어려운 상황인 것을 알게 되었다. 사모님의 하소연을 들으며 가슴이 답답했다.

'하나님, 왜 저를 이런 상황에 있는 교회에 오게 하셨나요? 오늘 이 교회에서는 돈 얘기는 일절 꺼내지 않도록 제 입술을 붙잡아주세요.'

그렇게 간절히 기도하고 강대상에 올라갔는데 내 입에서는 다른 얘기가 흘러나왔다.

"제가 여기 올라오기 전에 지금 교회 사정이 어렵다는 얘기를 들었습니다. 하지만 여러분, 아무리 힘들어도 오늘 저녁에 아프리카에 주머니를 열면 그 날짜(공탁금을 걸어야 할 날짜)가 되기 전에 해결이 될 줄 믿으세요. 아프리카에 마음을 모아주세요."

이렇게 말하고 내려오며 생각했다.

'아이고, 내가 가는 데마다 일을 저지르는구나.'

예배 후에 한 여자 전도사님이 찾아왔다. 남편을 먼저 천국에 보내고 혼자 두 딸을 키우고 있다고 했다.

"사실은 제가 오늘 선교사님 오신다는 얘기를 듣고 하나님께 기도했습니다. 오늘은 감동을 좀 안 받게 해달라고요. 제가 아무것도 없는 걸 아시니까 무슨 얘길 듣더라도 감동 안 받게 해달라고요. 그런데 도저히 감동을 안 받을 수가 없었네요."

그러면서 적금 들어놓은 걸 해약했다며 200만 원을 주었다. 그렇게 받은 귀한 헌금들이 1억 원가량 되었다.

'아, 이제 에스와티니로 돌아가도 되겠구나.'

그런데 정작 처음 초청해준 부산 순복음안락교회에는 가지 못했다. 나는 지치기도 하고 돈도 거의 모은 것 같아 가지 않으려고 했는데 남편이 전화해서는 꼭 다녀오라고 신신당부를 했다. 그 주일에도 11시와 2시 예배에 가야 할 교회들이 있어서 목사님에게 전화로 사정을 말씀드렸다.

"제가 2시 예배까지 참석하고 나면 부산에 갈 시간이 없을 것 같아요. 그냥 저 돌아갈래요."

"아니, 교회에 오신다고 광고도 나갔는데 오셔야죠. 비행기라도 타고 오세요."

2시 예배를 마치고 비행기로 부산 순복음안락교회에 갔더니 목사님이 교회 문 앞에 서서 기다리고 계셨다. 식당으로 안내하시며 후원금을 얼마나 모았냐고 물으셨다. 내가 말했다.

"목사님 몫은 그대로 있어요."

"내 몫이 얼맙니까?"

"2만 불이요."

"허허…. 해봅시다. 뭐 못하면 말고."

그런데 예배 시간에 선교 보고와 간증을 하고 신학교의 필요성을 얘기한 후에 정말 그 교회에서 2만 불을 헌금해주었다.

그 외에도 인천신생감리교회(천무엽 목사님), 예일교회(박상철 목사님) 등 그렇게 초청하는 교회들을 다니다 보니 각 교회와 많은 선교동역자분들의 헌신으로 신학교를 위한 헌금이 1억 원 넘게 모였다. 나는 모금이 되는 대로 2천만 원이나 3천만 원이 되면 순복음교회로 가서 박정근 목사님 내외분께 그 돈을 드렸고 교회에서는 그 물질을 아프리카로 송금해주셨다.

이 과정을 통해, 하나님께서는 언제나 큰일을 계획하시고 우리를 기도로 준비시키시고 마음의 결정을 내리도록 인도하신다는 것을 다시금 깨달았다.

아내가 아니라 동역자로 살기

에스와티니로 돌아와서야 남편에게 정말 힘들었다고, 다시는 못 할 것 같다고 하소연했다. 남편이 말했다.

"하나님이 쓰실 때는 계속해야지. 또 모금할 일이 있으면 기도 많이 하고 해외에 좀 나갔다 오고 그래."

"그게 그렇게 쉬운 줄 알아요? 난 싫어요."

그랬더니 남편이 내 이야기를 가메제 목사님에게 한 모양이었다. 하루는 목사님이 얘기 좀 하자고 했다.

"하나님이 한 사람을 택하셨어요. 그가 완전하거나 똑똑해서가 아니라 하나님 마음에 들어서 택하신 거지요. 그가 바로 김 선교사요. 그런데 그가 온전치 않으니까 같이하라고 돕는 배필을 주위에 세우셨소. 내가 그중에 뽑힌 한 사람이고 당신도 세움을 받은 거요.

그러니까 '남편으로 편하게 대하며 살아야지' 하는 안일한 생각은 버리고 당신도 동역자로 세움을 받았다고 생각하고 살아야 하오. 그래야 서로 편안하게 하나님 일을 할 수가 있어요. 그런데 그것을 거역하여 하나님이 안 쓰시면 당신은 아프리카까지 와서 그저 살림이나 하며 시간을 보내게 될 거요.

김 선교사는 꿈을 꾸는 사람이요. 하나님께 비전을 받는 사람이니, 우리는 같이 돕는 동역자로 살아야 하오."

아버지뻘 되는 분이 하시는 말씀이기도 하고, 듣고 보니 맞는 것 같아서 아무 말 못 하고 듣고만 있다가 투정처럼 한마디 했다.

"네. 그런데 제가 모금을 하러 가면 '당신이 김종양 선교사 아내지요? 돈이 필요해서 나왔지요?' 하며 주는 사람은 한 사람도 없어요. 다행히 돈이 되면 기분이 좋지만, 안 되면 너무 창피하고 자존심도 상한다고요."

"그것이 잘못된 거예요. 왜 당신이 기분이 좋고 자존심이 상합니까? 당신은 하나님이 세우신 종이니 '가라' 하면 가면 되는 거요. 하나님이 사람의 마음을 감동시키셔서 돈을 주면 받으면 되고, 안 되면 '이번에는 못했습니다. 하나님, 그래도 감사합니다' 하고 오면 되는 거요."

그 말을 듣고 그때 비로소 이렇게 생각하게 됐다.

'그래, 동역자로 살자. 내가 그의 아내라고 이것저것 요구하지 말고 순종하며 살자.'

내가 아내라고 생각했을 때는 남편에게 불평불만이 참 많았다.

'아니, 저 사람이 나를 왜 이렇게 취급하지? 맨날 집에 있으라고 하고, 손님 대접만 시키고. 자기는 차 타고 아침에 나가서 다음날 들어오기도 하면서. 나도 나가서 여기저기 돌아다니고 싶은데….'

하루는 남편이 밖에서 햄버거를 먹고 왔다고 하자 억지 같은 짜증을 부리기도 했다.

"나도 그 햄버거 좀 하나 사다 줘봐요. 나는 집에서 누룽지만 먹는 게 좋은 줄 알아요?"

"당신 햄버거 싫어하잖아?"

"싫어해도 사 와요. 내가 안 먹어도."

그런데 어느 때부터인가 '내가 편히 사는 건지도 모르겠다'라는 생각이 들었다. 에스와티니에 온 지 몇 달 후부터 남편이 모잠비크에 다니기 시작하면서 그곳의 어려운 상황들을 많이 들려주었는데 그 생각이 나면서 '그래, 저렇게 나가서 고생하니까 고생 안 시키려고 나를 안 데려가나 보다. 나는 집 잘 지키고 아이들 잘 키우고 살자. 나가면 씻지도 못하고 얼마나 고생이겠어' 싶었다.

그래도 한 번씩은 차도 타고, 비행기도 타고 나가고픈 생각이 들어 남편에게 슬쩍 말했다.

"나도 한번 가고 싶은데."

"가고 싶어? 가면 고생이야. 집이 제일 좋아."

"당신도 맨날 혼자 집에 있어 봐요. 집이 제일 좋은지."

하나님께서 이때 내가 한 말을 들으셨는지 남편이 2007년에 심장 수술을 한 이후로는 정말 나 혼자 다니게 되었다. 지금은 하나님께서 내게 기회를 주신 것에 감사함으로 다니고 있다.

하나님이 키우신 자녀

아들이 초등학교에 다닐 때였다.

"엄마, 나는 학교 가면 화장실 안 간다?"

"왜? 화장실이 더러워서?"

"아니, 화장실에 갔다 오면 배고파서."

배부르게 한번 먹이지 못하고 키우는 것이 늘 마음 아팠다. 그 아들이 초등학교를 졸업하고 상급학교인 하이스쿨(High School)에 갈 무렵이었다. 어느 날 아들이 하교하고 집에 오더니 말했다.

"엄마, 국제중학교 마지막 시험이 있대. 나도 한번 쳐보면 안 될까? 아무한테도 말하지 말고."

아들은 우리 형편 때문에 초등학교도 다니는 둥 마는 둥 해서 자기가 실력이 안 된다는 걸 알고 있었다.

"그래, 시험은 보러 가야지."

가메제 목사님의 차를 타고 시험을 치러 갔는데 덜컥 합격을 했다. 학교에서 돈을 내라고 연락이 왔는데 남편이 없을 때라 은행에 가서 돈을 찾을 수도 없었다.

"학수, 여기 국제중학교에 시험을 봤는데 합격했어요."

"그래? 할렐루야. 잘됐네."

그때 남편은 선교 보고를 위해 영국에 가 있었는데 거기서 영국 학교도 알아본 모양이었다. 그러나 학수 나이가 기숙사에 들어가기에는 아직 어려서 받아줄 학교가 없었다고 한다.

"그런데 돈 없어서 못 갈 거 같아."

"무슨 소리야? 어디서든 빌려야지."

"아니, 어디서 그 돈을 빌려. 난 정말 가슴이 터질 것 같아."

그러던 중에 에스와티니 국립병원에 근무하는 민병준 박사 사모님을 만났다. 그 집 아들과 딸도 그 학교에 다니고 있었다.

"제 아들이 이번에 그 학교에 합격했는데 돈 내라고 연락이 왔네요."

"공부 잘하나 보네. 거기 아무나 못 들어가는데. 그럼 우리 애들 학비로 먼저 내줄게요. 우리 애들은 재학생이라 늦게 내도 돼요."

그 사모님의 도움으로 학수는 입학할 수 있었고, 중고등학교 과정을 무사히 마치고 졸업했다. 대학도 자기 스스로 알아보고 남아공에서 대학 과정을 2년 마친 후 캐나다로 유학 갈 준비까지 했다. 우리는 아무것도 해준 게 없는데 혼자 알아보고 준비를 한 거였다.

그때 선교지를 방문했던 어느 목사님이 "캐나다보다는 미국에 가서 꿈을 키워라"라고 조언해주셔서 미국 쪽으로 돌려 LA에 있는 학교에 입학 허가를 받았다. 그러나 아무 연고도 없는 LA로 바로 보낼 수가 없어서 우선 에스와티니에서 살다가 뉴욕으로 옮겨 가신 안효달 장로님 댁으로 보냈다. 거기서 얼마간 지내는 동안 안 장로님이 LA에 있는 한 교회의 부목사님 댁에 부탁을 해주셨다.

"아프리카 선교사님의 아들이 지금 뉴욕에 와있는데 학교가 이미 개강해서 학교에 바로 들어갈 수 없는 형편이니 일주일만 좀 맡아주세요."

나중에 들으니, 그 목사님은 딸만 있고 남학생을 데려다 재울 방도 없었는데 선교사 자녀라고 하니 거절하지 못했다고 한다. 감사하게도 그 가정에서 잘 보살펴주고 학교 입학과 기숙사 입소도 도와주었다.

그 학기는 등록일에 늦어서 등록을 못 하고 청강만 했다. 그리고 곧 방학이 되었는데 아들이 다시 아프리카로 올 수도 없고 미국에서 지낼 곳도 없어서 학교에 사정을 이야기하고 기숙사에서 잠만 자는 것으로 허락을 받았다.

그즈음 말라위에 있을 때 물리치료사로 일하며 우리와 가까이 지내던 이경화 선교사님에게서 연락이 왔다. 미국으로 가서 신학을 하려고 추천서를 남편에게 부탁한 것이었다(후에 LA 로고스교회에 초빙되셨다). 그래서 내가 그 댁 신종희 사모님에게 "혹시 사시는 데서 우리 아들 학교가 멀지 않으면 한 번만 찾아봐 주세요"라고 편지를 쓰고 아들 학교 주소를 보냈다.

그러자 사모님이 집에서 15분 거리라며 내게 염려하지 말라고 답장을 주시고, 그때부터 아들을 정말 잘 돌봐주셨다. 우리는 신 사모님을 아들의 '미국 어머니'라고 불렀다. 우리는 아무것도 할 수 없었는데 하나님이 다 해주신 것이다.

그래도 방에 걸린 아들 사진만 보고 있으면 가슴이 아프고 눈물이 흘렀다. 하루는 '하나님, 저 아들 좀 돌봐주세요. 아들이 필요한 것들 좀 다 해주세요' 하고 간절히 기도하는데 하나님께서 내 귓전에 대고 말씀하시듯 깨닫게 하셨다.

'어떻게 너는 네 아들만 위해 기도하느냐?'

'제가 잘못했습니다. 그래도 우리 아들 좀 잘 봐주시고, 하나님이 좀 써주세요' 하고는 전에 아들에게 "너는 다른 건 다 해도 선교사는 하지 마라"라고 말한 것을 회개했는데, 결국 아들은 미국 캘리포니아 주립대학과 풀러 신학대학원을 졸업하고 지금 목사가 되어 주님의 일을 하며 외국인 신학생을 돌보는 등 한국에서 아프리카 선교를 돕는 선교사로 충성하고 있다.

워싱턴 휄로쉽교회(김원기 목사님)에서 목사안수를 받을 때 학수는 "부모님이 아프리카에서 너무 많이 싸우시는 것을 보고 나는 주의 종은 되지 않으려고 했는데 하나님의 부르심을 받아 목사 안수를 받게 되었다"라고 간증했다. 아들의 간증에 부끄러운 마음과 하나님께 감사하는 마음이 교차했다.

아들이 대학 시절에 황찬규 목사님(한국병원선교회 설립자)의 소개로, 멕시코 선교를 하시던 황혜영 선교사님과 함께 선교지를 다니며 그 분의 선교를 도왔는데 그때 아들을 눈여겨본 선교사님이 한국에 신앙이 아주 좋은 귀한 자매가 있다면서 소개를 해주셨다. 그렇게 해서 아들은 당시 한국에서 대학원을 졸업하고 은행에 근무하던 홍서영 자매를 만나 결혼했다.

아들 부부의 성혼 선언문을 읽는 모습
가메제 목사님이 주례를 서주셨다.

딸 학영이 세 번째 생일날

신앙이 돈독한 부모님 밑에서 열심히 하나님을 섬기며 자란 며느리 서영은 결혼 후 아들을 따라 미국에 가서 지내다가 공부를 더 하고 싶다고 하여 워싱턴 법대(American University Washington College of Law)에 들어갔다. 졸업 후 미국에서 국제변호사로 일하다가 몇 년 전, 한국의 모 그룹 법무팀에 취업되어 온 가족이 함께 한국으로 들어왔다.

우리 집은 딸 학영이만 모태신앙이다. 아프리카에서 출산하는 데다 그때가 전쟁이 한창이던 모잠비크에서 선교를 시작했을 때라서 정말 기도를 많이 했다. 그래서인지 말도 잘 못 하는 아이가 아빠가 모잠비크에 가면 "우리 아빠, 살려주세요"라면서 손을 모으고 날마다 기도했다.

다섯 살 때쯤 학영이는 자기는 의사가 되어 아픈 사람들을 도와주고, 목사가 되어서 주일에는 설교하면서 살 거라고 했다. 그러던 어느 날, 유치원에 다녀와서 아빠에게 물었다.

"아빠, 나는 왜 기도하면 눈물이 나지?"

"네가 기도하는 것도 하나님이 시키시는 거야. 그리고 네 안에 성령님이 들어오신 거야."

그때부터 학영이는 유치원에서 친구들이 아프다고 하면 기도를 해주었다. 유치원 선생님이 학영이가 안수기도 좀 하지 않게 해달라고 내게 부탁할 정도로 열심이었다. 초등학교 때는 친구들에게 예수님 이야기를 하며 전도했고, 친구 아빠들이 술 담배를 끊게 해달라고 기도하곤 했다.

학영이는 에스와티니에서 태어나 고등학교까지 다녔다. 우리 부부는 학영이가 정체성을 혼란스러워하는 것 같아 대학은 한국으로 가도록 기도했다. 때마침 한국에서 한동대학교 학생 한 명이 임마누엘 신학교에 영어연수생으로 왔다. 기독교 가정에서 자라 반듯하고 모든 사람에게 칭찬 듣는 그 학생 덕분에 학영이는 목표를 세워서 2006년에 한동대학교 건축공학과에 입학했다.

고등학교 시절부터 교회 건축을 돕는 선교사가 되고 싶다며 하나님의 일을 하고 싶어 했던 딸은 대학 졸업 후 한국에서 영어강사로 일하다가 2017년 캐나다 밴쿠버의 신학대학원(Trinity Western University Acts Seminaries)에 가서 공부했다. 에스와티니 기독의과대학교(EMCU) 기독학 교수에 지원하여 서류심사와 인터뷰를 거쳐 합격한 후 지금은 아프리카로 들어와 대학생을 가르치고 있다.

딸이 캐나다에서 공부하며 주님의제자교회 영어담당 전도사로 사역할 때 교인들이 한국, 아프리카, 캐나다 중 어디가 제일 좋으냐고 물었는데 "저는 우리 엄마아빠가 계시는 곳이 제일 좋아요"라고 대답했다는 얘기를 들었다. 그곳이 어디든지, 부모님이 계시고 하나님을 모신 그 곳이 가장 행복한 곳이라는 딸의 말에 우리 부부는 너무 기쁘고 감격스러웠다. 자녀를 위한 기도에 신실하게 응답해주신 하나님께 감사드린다.

가족사진, 2012년
(뒷줄 왼쪽부터) 며느리 홍서영, 손녀 카라, 아들 김학수, 딸 학영
(아래) 나와 김종앙 선교사

내가 너와 함께하리라

1996년 11월, 남아공에 7만 평의 대지와 건물을 구입하여 임마누엘 국제신학교(Immanuel International Bible College)를 설립했다. 철저하게 말씀 중심으로 가르치며 복음주의를 기반으로 영적인 신학교가 되는 것을 목표로 정했다.

임마누엘 국제신학교에서는 미국 대학협회의 학위 인정을 받는 미국 하나님의성회 소속 Global University의 학위과정을 공부하는데 첫 학기 시험에 학생 대부분이 70퍼센트 이상의 좋은 시험점수를 받았다고 선생님들이 기뻐했다.

수천 킬로미터 떨어진 가난한 나라에서 온 임마누엘 국제신학대학 학생들은 자신들이 신학 공부를 할 엄두조차 내지 못하는 환경 가운데서 특별히 택함을 받았다는 생각에 열심히 공부했고, 하나님과 후원자들에게 감사하다는 말을 자주 했다.

우리는 이 젊은 학생들만 잘 훈련하면 아프리카 전 대륙에 엄청난 선교사역을 전개해 나가며, 가난과 질병으로 시달리며 죽어가는 영혼들을 구원할 수 있다는 믿음과 꿈 때문에 이들을 먹이고 입히며 교육시키는 데 보람을 느꼈다.

모세가 애굽 사람을 살해하고 도망 나와 40여 년 동안 미디안 광야에서 장인의 양을 치면서 인간적으로 소망 없이 살아갈 때 하나님께서 모세를 불러 말씀하셨다.

이제 내가 너를 바로에게 보내어 너로 내 백성 이스라엘 자손을 애굽에서 인도하여 내게 하리라 모세가 하나님께 고하되 내가 누구이기에 바로에게 가며 이스라엘 자손들을 애굽에서 인도하여 내리이까 하나님이 가라사대 내가 정녕 너와 함께 있으리라 출 3:10–12

나는 가끔 하나님을 향하여 원망을 쏟아놓았다.

'하나님, 제가 뭐라고 이 가난한 젊은이들을 수천 킬로 떨어진 여러 나라에서 남아프리카의 임마누엘 국제신학교에 불러다가 입히고 먹이며 교육하는 일과 빈곤한 환자들에게 의약품을 공급하는 일을 해야 하나요?

저는 미련하고 연약하여 신학교와 병원 섬기는 일을 감당할 힘도 없고 능력도 없습니다. 언제까지 이들을 먹이고 입히며 교육하는 일로 긴장하고 두려워해야 합니까?'

그러나 하나님께서는 내게 말씀하셨다.

'내가 인간적으로 쓸모없는 너를 택하여 이 일을 시키는 것은 내가 너로 인해 영광을 받기 위함이니 계속하여 이들을 위하여 매일 무릎 꿇고 울부짖어라. 이것이 네 상급이 되며, 내가 택하여 세운 신실한 내 종들을 통해 이들의 필요한 것을 공급하리라. 내가 지금까지 이들의 필요한 것들을 나의 종들을 통하여 충분히 공급하여주지 않더냐? 두려워 말고 긴장하지 말라. 내가 너와 함께하리라.'

신실하신 하나님은 임마누엘 신학교를 후원하도록 미국 조지아주의 차명선 권사님과 최미자 집사님을 택하여 '데이 스프링'(Day spring)이라는 선교회를 조직하게 하셨다. 매월 10여 명이 기도 모임을 하며 그들은 학교 초창기부터 지금까지 신학교 운영을 위한 선교비를 후원하고 있다.

인천의 큰빛교회(권오성 목사님)와 대조동 순복음교회(유재호 목사님), 그리고 데이 스프링 선교회의 후원으로 지금까지 신학교

기도원에서 임마누엘 신학교 이사들과, 1998년
(뒷줄 왼쪽부터) 김종양 선교사, 신학교 초대 학장 딕 목사, 엔지니어 스카너, 건축기사이며 일본 선교사인 마이클
(앞줄 왼쪽부터) 가메제 목사, 신학교 후리츠 교수, 스쿤비 변호사

임마누엘 국제신학교 개원식, 1999년
(왼쪽부터) 후리츠 목사, 김종양 선교사, 박정근 목사, 가메제 목사, 초대 학장 딕 목사

가 운영되고 있다. 하나님의 말씀이 현실에서 이루어진 것을 신학교의 재정보고서를 통해 다시 한번 확인할 수 있었다.

2001년 12월 1일에는 임마누엘 국제신학교의 첫 졸업식이 있었다. 말라위 학생 3명, 모잠비크 학생 2명, 콩고 학생 3명, 남아프리카공화국 학생 1명, 한국 학생 1명, 스와질랜드 학생 2명 등 13명의 학생이 첫 졸업생이 되었다.

사랑하는 가족과 고국을 떠나 남아공에 와서 공부하고 졸업장을 받아 들고 기뻐서 춤추는 학생들을 바라보면서 천국에서 받을 우리의 상급을 생각해보았다. 이 학생들이 졸업할 때까지 우리는 기도와 물질로 후원하면서 인내의 연단을 쌓아왔다. 식비, 책값 등 매월 일정 금액을 지원해야 하는 부담감에 때로는 두려움으로 새벽마다 무릎을 꿇고 기도해 왔기에 이들에 대한 애정이 더욱 깊었다.

임마누엘 국제신학교를 졸업하고 목사 안수를 받은 학생들이 현재 중남부 아프리카 대륙 7개국에 교회를 개척하여 섬기면서 복음 전파 사역을 신실하게 감당하여 날마다 구원받은 영혼들이 늘어나고 있다.

최근 남아프리카의 배드플라스(Badplaas) 지역에서는 신학생들이 새로운 교회를 개척하여 기도원 교회에서 주일예배를 드리고 있다.

임마누엘 기도원은 1995년 남아공에서 인종차별을 철폐하기 전, 신학교와 기도원을 설립하여 백인과 흑인이 함께 모여서 배우며 기도하게 하자는 비전을 품고 구입해 세운 아프리카 최초의 기도원이다. 처음 10여 년간은 현지인들이 기도원에 관한 개념을 몰라서 수양관처럼 교회와 학교들이 모여 세미나를 하는 장소로 사용했는데 지금은 기도하는 처소로 알려져서 교회와 개인들이 철야기도, 금식기도 등을 하기 위해 주말이나 휴가 기간에 찾아오고 있다.

임마누엘 기도원

임마누엘 신학교
오른쪽 끝은 수명을 다한 목재 건물을 대신해 새로 건축한 예배당 건물로 강의실과 회의실도 겸하고 있다.

임마누엘 신학교의 마카다미아 농장

2021년 8월부터는 의사인 베쿠무지 시베코(Bhekumuzi Sibeko) 형제(Carolina Medical Centre의 원장. 임마누엘 신학교 출신인 알비나 시베코[Albina Sibeko] 목사님의 아들이기도 하다)와 사임기독고등학교 출신인 사킬레 빌라가띠(Sakile Vilakati) 형제가 기도모임을 시작했다.

정기적으로 목회자와 청년들을 기도원으로 초청하여 저녁 6시부터 새벽 5시까지 산꼭대기에서 집회와 기도를 하고 내려오고 있는데, 이들을 통해 임마누엘 기도원에 성령의 불길이 타오르고 남아공에 새로운 기도 운동이 일어나기를 소망한다.

여보, 나 피 나?

2002년의 일이다. 중남부 아프리카 한인선교사대회를 개최하기로 하여 이를 위해 전심전력을 기울이며 여러 가지 준비를 하고 있었는데, 선교대회를 열흘 앞두고 기도원 관리자가 밤에 선교 차량, 트레일러, 침대, 굴착기, 비디오, 컴퓨터 등을 모두 훔쳐 가 버렸다는 연락이 왔다.

'얼마나 어렵게 마련한 중장비이며 물품들인데, 장만하기 위해 간절히 기도했고, 하나하나 구입하며 얼마나 기뻐하고 감사했는데, 사역에 없어서는 안 될 중요한 물품들이 하룻밤 사이에 몽

땅 없어지다니!'

무엇보다 사역에 큰 손해였고, 어려운 가운데 선교비를 지원해 준 사역자들과 교회들에 어떻게 죄송하다는 말을 전해야 할지 정말 막막했다. 또한 하나님이 맡겨주신 귀한 물질들을 잘못 관리했다는 자책으로 마음이 몹시 괴로웠다.

큰 행사를 앞두고 기도원의 거의 모든 중요한 물품을 도난당하니 참으로 기가 막히고 어이가 없었으나 그렇다고 선교대회를 취소할 수도 없고, 도무지 해결책을 찾을 수가 없었다. 그러나 하나님의 도우심으로 얼마 지난 뒤에 도둑맞은 물품들을 어느 정도 되찾아 중남부 아프리카 한인선교대회를 무사히 마칠 수 있었다.

도난사건으로 몹시 근심하고 마음이 상했다가 겨우 평정을 찾아갈 무렵, 다시 한번, 아니 더 놀라고 영육 간에 상처를 크게 입는 일이 일어났다. 사임기독고등학교를 지을 때였는데 우리가 학교를 짓는다고 하니까 돈이 많다고 생각했는지 강도가 들이 닥쳤다.

한밤중에 4명의 권총 강도가 선교센터의 유리창을 깨고 들어왔다. 당시 1층에는 한국에서 학생들이 어학연수를 와서 묵고 있었다. 여학생들도 있었는데 혹시 해를 끼칠까 봐 우리가 급히 내려왔다.

그들은 돈을 내놓으라고 겁박하며 우리를 2층 숙소로 끌고 올라갔다. 남편의 목에 권총을 들이대고 개처럼 이리저리 끌고 다니다가 권총으로 이마와 머리를 치고 구둣발로 앞무릎을 쳤다. 남편의 정강이에서 피가 흘렀다. 순간, 나도 모르게 소리를 질렀다.

"야, 너 왜 사람을 때려! 그 사람한테 손대지 말고 다 가져가라고!"

그랬더니 그중 한 명이 "너도 맞아볼래?"라고 하면서 날카로운 돌로 내 머리를 쳤다. 그걸 보고 남편이 그들에게 모든 열쇠와 약 300달러 정도 되는 현지 돈을 던져주며 말했다.

"너희는 하나님을 두려워하지 않느냐? 너희가 선교사 집에 와서 이렇게 하는 건 악한 행동이다!"

강도들은 돈을 찾으려고 온 집안을 샅샅이 뒤진 후에 떠나갔다. 그들이 가고 나자 다리에 힘이 풀려 털썩 주저앉았다. 그때 얼굴이 미지근한 게 흘러내렸다. 내가 남편을 보며 말했다.

"여보, 나 피 나?"

"응. 병원에 가야겠네."

치료를 받으려 병원에 갔지만 두세 시간이 지나도 의사가 오지 않았다. 그때 남편은 '여기는 외국인 의사만 있어서 이렇구나. 의대가 필요하구나' 하고 깨달았고, 이것이 이후 의대 설립의 계기가 되었다.

권총 강도 사건 후 이들을 향한 분노와 공포심으로 몇 개월 동안 마음의 평정을 잃었지만, 점차 안정을 되찾은 우리는 생명을 지켜주신 하나님의 은혜에 시시때때로 감사드렸다. 사도 바울이 하나님의 부르심에 순종하여 선교하며 고백한 말씀으로 마음에 위로를 삼았다.

> 여러 번 여행에 강의 위험과 강도의 위험과 동족의 위험과 이방
> 인의 위험과 시내의 위험과 광야의 위험과 바다의 위험과 거짓
> 형제의 위험을 당하고 고후 11:26

눈물의 기도로 세워진 사임기독고등학교

2002년에는 하나님의 은혜로 마활랄라에 사임기독고등학교(Saim Christian High School)를 설립할 수 있었다(이곳에서는 초등학교를 졸업하고 들어가는 학교를 'High School'[고등학교]이라 한다. 초등학교를 7년간 다닌 후 고등학교에서 5년간 중고등학교 과정을 함께 공부한다). 특별히 크리스천 고등학교 설립은 정부와 전통주의자들, 이단 종파들을 설득하고 협력을 얻어내야 해서 일반 학교보다 더 많은 인내와 추진력이 필요했다.

학교 설립을 위해 수도 음바바네의 인구 중 50퍼센트가 사는 지역의 주민 대표들을 설득하는 데 1년이 넘게 걸렸다. 수없이

학교 설립을 포기하고 싶다가도 무지와 에이즈로 죽어가는 영혼을 구원할 수 있다는 믿음과 집념 덕분에 눈물로 기도하며 끝까지 견딜 수 있었다.

이 학교 설립을 위해 에스와티니 정부가 3만여 평의 땅을 제공했고, 대조동 순복음교회의 오우전 장로님 가족과 성실교회의 실업인선교회(당시 회장 홍용태), 그리고 개인 후원자들이 헌금과 기도로 설립에 함께했다.

처음 사임고등학교를 건축할 당시, 학교 건물이 정부가 요구하는 규모에 미치지 못했다. 건축이 멈추자 크리스천 학교를 반대하던 몰몬교 후원회와 전통주의자들은 "나머지는 우리가 투자할 테니 미션학교의 기득권을 포기하라"라며 압력을 가해왔다. 그러나 하나님께서 우리와 함께하셔서 정부가 요구하는 교실들을 건축할 수 있었다.

사임고등학교를 설립하기 전, 초등학교를 설립하여 20여 년 동안 교장으로 봉직하며 명문 학교를 만들고 현지인 제자들을 양육하는 영국인 프레저(Frager) 교장 선생님을 만나서 에스와티니에 최고의 초등학교를 만든 비결을 물었다. 그는 "교사들의 대우를 잘해주면 좋은 학교가 될 수 있을 것입니다"라고 했다. 그 후 우리는 학부모들을 설득하여 학기마다 선생님들에게 보너스를 주고, 될 수 있는 한 대우를 잘해주려고 노력했다.

가메제 목사님이 학교의 총괄 책임자(School Manager)가 되시고, 에스와티니 영어 국정교과서 저자이며 최고의 명문 고등학교인 St. Mark High School 교장과 장학관을 역임한 코시(EV·Nkosi) 목사님이 초대 교장으로 임명되었다.

사임고등학교는 설립 8년이 되던 해인 2009년에 영국 케임브리지 대학교의 IGCSE 시험(International General Certificate of Secondary Education. 영국의 중고등 과정인 GCSE를 케임브리지대학에서 국제학생을 위한 국제 커리큘럼으로 개조한 것으로, 국제적으로 공인되는 교육과정이다)에서 시험을 치른 수험생들의 92퍼센트가 합격하여 에스와티니의 전체 고등학교 중에서 최고의 명문학교로 부상했다.

2013년 6월에는 사임기독고등학교 여학생 시피웨(Siphiwe)가 케임브리지 IGCSE 영양학과 시험에 세계에서 최고 득점을 한 학생으로 뽑히자 교육부 장관과 차관이 학교를 방문하여 에스와티니에 경사가 났다며 상장과 상품을 전달하고, 일간지 신문에서는 "Eswatini Top Pupil Siphiwe recognised, awarded"(에스와티니의 우등생으로 인정받은 시피웨의 수상)라는 제목으로 2면 기사를 내기도 했다. 현지 언론에서도 사임고등학교에 많은 관심을 보이며 큰 기대를 나타냈다.

그런 만큼 학교에 대한 방해와 공격은 계속되었다. 2018년에는 룰리 교장이 부임한 후 2명의 주민대표와 함께 미션학교를 주민학교로 바꾸려고 공모하다가 그 과정이 드러난 일이 있었다.

고아 학교 아이들과 사임기독고등학교 방문, 2005년

사임기독고등학교 교사와 강당

학교가 좋은 평가를 받자 학교를 빼앗으려고 한 거였다.

선교회에서는 그를 다른 학교로 보내달라고 교육부에 요청하였고, 그는 다른 곳으로 발령받자 교육부를 상대로 전출무효 소송을 냈는데 다행히 법원에서는 두 번이나 우리의 손을 들어주었다. 그러나 그와 함께 미선학교를 주민학교로 바꾸려 하던 사람들이 반기를 들고 계속 문제를 일으키고 있다.

2021년 9월에는 에스와티니 기독의과대학교(EMCU)에 침입해 실험실 폭파를 시도했으나 하나님의 도우심으로 가스통이 폭파되지 않은 일도 있었다. 그럼에도 그들은 주민과 폭력배들을 동원하여 사임기독고등학교와 기독의과대학교를 화염병으로 공격하겠다고 협박하여 우리는 이 두 학교를 비롯하여 이시드라교회, ACM선교관 등의 경비를 강화했다.

예전에 가메제 목사님이 선교지의 유치원, 고아원, 교회, 학교, 병원 등을 설립할 때는 부지와 건물을 서둘러 건축하지 말고 반드시 문서화시키라고 하신 그 조언이 이때는 물론 지금까지도 큰 힘이 되고 있다.

이렇게 건축한 하나님의 자산을 현지인들이 스스로 운영해 나가도록 넘겨주는 것이 당연하다고 생각할 수 있지만, 예수님과 관계없는 사이비 집단이나 개인에게 넘어가 사유화된다면 소중한 선교비를 잃는 무책임함이 될 수밖에 없다. 그래서 우리는 항상 생명의 위협을 무릅쓰고 하나님의 자산을 소중히 지키고 있다.

예수님을 주인으로 모시고 예수님의 사랑과 복음을 전파하기 위해 건축한 여러 기관과 시설들이 사이비 종교 집단이나 개인의 소유가 되지 않도록, 그리고 우리를 위협하는 악한 자들로부터 지켜주시도록 독자 여러분도 함께 기도해주시기를 부탁드린다.

우리도 그와 더불어 이 학교가 국가와 교회의 지도자들을 양성하는 명문 학교로 만들어져서 문화와 문명 발전에 기여하기를, 그리고 아프리카에서 사람이 살아가는 데 도움이 안 되는 일부 전통과 풍습의 모순점을 기독교를 바탕으로 변화시키는 역할을 할 수 있기를 늘 기도하고 있다.

무당 출신 카닐레 집사의 섬김과 죽음

에스와티니에는 무당이 많다. 인구가 120만 명 중 무당이 8만 명이라는 신문 기사가 보도된 적도 있다. 카닐레 집사는 유명한 여자 무당이었는데 어느 날 하나님을 만나고 교회로 왔다.

"어느 날 하나님이 내게 나타나시어 무당 일을 그만두고 이시드라교회에 가서 예배를 드리라고 하셨어요. 처음에는 모르는 척, 하던 일을 계속하며 술에 취해 살았는데 하나님이 자꾸만 교회에 가라고 하셔서 찾아왔어요."

교회에 나오기 시작하면서부터 새벽기도회와 주일예배에 잘 참석하기는 했지만 2년 가까이 자주 술 냄새를 풍기며 나왔다. 그로 인해 일부 교인들이 "변화되지 않은 술주정뱅이 무당이 교회에 출석하여 주위로부터 말이 많다"라며 불평하기도 했다.

한때 교회가 어려움에 빠지기도 했지만 우리는 "교회는 도덕적으로 완전한 사람들이 모이는 곳이 아니다. 예수 그리스도를 통해 변화를 받아야 할 사람들이 더 많이 교회에 나올 수 있도록 교회의 문을 활짝 열고 초청해야 한다"라고 제직들을 설득했다.

그러던 어느 날, 카닐레 집사는 "술을 완전히 끊었다"라고 간증하며 매주 새로운 사람을 전도하기 시작했다. 대부분 그녀에게 점치러 오는 사람들이었는데, 그들을 교회로 인도하고 그들에게 주일 헌금할 돈까지 나눠주었다.

카닐레 집사의 얼굴은 기쁨과 평안으로 변하기 시작했고, 새벽예배 때 우리 부부가 무릎 꿇고 기도할 수 있도록 돗자리를 구입하여 교회 바닥에 매일 깔아 놓았다. 수요성경공부, 금요예배, 토요일 가정방문 전도에도 빠지지 않고 참석했으며 우리 교회가 금식기도가 약하다고 매주 금식하고 철야기도를 해야 한다고 제안하기도 했다.

그녀는 2년 동안 30여 명의 새 신자들을 교회에 등록시켜서 전도왕으로 상을 받기도 했고, 수십 킬로미터 떨어진 지역까지 전도 지역을 확대하여 새로운 사람들을 초청하면서 교통비는 대부분 자기 돈으로 지불했다.

그러던 그녀가 갑자기 병원에 입원해 문병을 갔다. "할렐루야!" 하면서 언제나처럼 반갑게 맞이하는 그녀의 얼굴은 기쁨과 평안으로 충만하여 전혀 환자같이 보이지 않았다. 건강이 회복되어 일주일 만에 퇴원한 어느 토요일, 새벽기도를 마친 후에 그녀가 말했다.

"우리 집에 가서 무당기구들을 불태우고 예배를 드려주세요. 병원에 있는 동안 하나님께서 '나를 택하든지 마귀를 택하든지 둘 중 하나를 택하라'라고 말씀하시면서 내가 사용하지는 않지만 감추어둔 무당기구들을 불태우라고 하셨어요."

우리는 카닐레 집사의 집에서 예배를 드린 후 무당기구들을 산으로 가지고 가서 태웠다. 같이 예배드린 한 교인이 "내일 주일예배에 카닐레 집사님이 간증하면 좋겠다"라고 제안을 해서 그렇게 하기로 했다.

그런데 주일에 여전도회 성가대가 찬양을 하던 중, 맨 왼쪽에서 찬양하던 카닐레 집사가 갑자기 찬양을 중단하고 내려오더니 가슴이 답답하다며 고통을 호소했다. 몇몇 청년이 운전하여 카닐레 집사를 병원으로 데려갔다. 나는 아무래도 마음이 불안하여 곧장 교인들과 병원으로 뒤따라갔는데 병원에 도착하니 먼저 도착한 교인들이 울며 말했다.

"이송 도중에 카닐레 집사님이 천국으로 갔습니다."

슬픔에 잠긴 그녀의 남편이 말했다.

"나는 도저히 믿을 수가 없습니다. 혹시 하나님께서 살려주시면 그녀가 살아날지도 모르니 시체를 집에 데려가서 하룻밤만 놓아두겠습니다."

우리는 시체를 다시 집으로 실어다가 안치한 후 교우들과 함께 통성으로 기도하면서 하룻밤을 기다렸지만, 그녀의 생명은 다시 돌아오지 않았다.

카닐레 집사의 죽음은 교회를 난감하게 만들었다. 동역자를 잃어버린 슬픔도 컸지만 믿음이 약한 교우들과 불신자들이 그녀가 수십 년 동안 사용하던 무당기구들을 불태워서 저주를 받았다는 말을 퍼뜨리지 않을까 걱정도 되었다.

나는 마음이 허전하여서 장례식이 끝날 때까지 일이 손에 잡히지 않았다. 그녀의 장례식 비용 일체를 교회에서 부담하기로 하고 교인들은 저녁마다 가족들과 함께 예배를 드렸다.

카닐레 집사는 그 주일에 여전도회 성가대에게 "내가 가장 좋아하는 찬송을 한 곡 같이 불러달라"라고 제안을 하여, 그녀가 원하는 찬송을 부르다가 하나님의 부르심을 받았다. 그녀의 죽은 얼굴은 천사와 같이 깨끗하고 평안한 모습이었고, 교회는 계속 가족들과 그녀가 전도해 온 초신자들 30여 명을 위해 기도했다.

하나님께서 우리의 기도를 들으시고 카닐레 집사의 죽음을 통해 오히려 전도에 유리한 상황이 이루어지게 하셨다. 교인들 대부분이 이렇게 고백했다.

신문에 실린 카닐레 집사의 기사와 우리가 섬기는 이시드라교회 건물

"그녀의 죽음은 너무나 멋있었어요. 나도 그녀와 같이 열심히 전도, 봉사하다가 평안하게 부름을 받고 싶습니다."

2004년 5월, 그녀가 천국으로 간 지 2주 후에 에스와티니의 가장 큰 일간지에 기사가 났다.

"유명한 무당이 하나님의 음성을 듣고 회개하고 무당기구들을 깨끗하게 불태운 후, 주일에 교회에서 찬양하다가 천국으로 부름을 받았다."

그 기사에는 카닐레 집사님과 가족들, 교회가 소개되고, 교회의 사진까지 실려서 전도의 효과가 극대화되었다. 하나님의 은혜로, 그녀의 죽음으로 인해 한 사람도 시험에 들지 않고 오히려 교회가 영적으로 강해지고 신앙생활을 뜨겁게 하는 계기가 되었다.

악한 영의 훼방

가끔 주말에는 교회 기도팀과 국립병원에 가서 환자들을 위해 기도하는 시간을 가졌다. 어느 날, 여자 병동을 순회하며 환자들을 위해 기도하는데, 열일곱 살쯤 된 자매가 뼈만 앙상하게 남은 채 죽음을 기다리는 모습을 보게 되었다. 나는 한 간호사에게 물었다.

"이 소녀가 무슨 병에 걸려서 이렇게 되었나요?"

"중학교 일학년 때에 무당을 만났는데, 그의 저주를 받고 쓰러져 병원에 실려 왔지요. 수년이 지난 지금까지 일어나지 못하고 있어요."

에스와티니의 일간 신문에서 "매년 중요한 시험 기간에 무당의 방해로 시험을 치르지 못하는 학생들이 있다"라는 기사를 읽은 기억이 났다. 중고등학교 학생들이 시험을 치르는 동안 무당이 어떤 방법을 쓰는지 모르지만, 갑자기 학생들이 울면서 괴성을 질러서 시험을 계속 볼 수 없다는 것이다.

몇 년 전에도 이시드라교회의 기도팀이 교회에서 약 5킬로미터 떨어진 곳의 고등학교에 찾아가 울며 괴성을 지르는 학생들을 위해 열심히 기도하고 찬양으로 귀신을 쫓은 일이 있었다. 학생 중에는 교장 선생님의 딸도 있었다.

'아니, 왜 무당들이 죄 없는 어린 학생들을 저주하고 심지어 중

요한 시험 기간에 방해하는 거지?'

나는 그 이유가 궁금했는데 말씀을 읽다가 그 이유를 알게 되었다.

사랑하는 자여 네 영혼이 잘됨 같이 범사에 잘되고 강건하기를 내가 간구하노라 요삼 1:2

하나님은 사람을 사랑하시고 영혼이 잘되고 강건하기를 원하시지만, 악한 원수 마귀들은 사람을 죽이고 파괴하고 고통받는 것을 원한다. 그래서 학생들의 배움의 길을 막고 저주하고 사망의 길로 가게 하려고 마귀들이 부리는 무당을 통해 장난을 친다는 생각이 들었다.

아프리카 선교를 30년 넘게 하는 동안 하나님께서 우리의 안수기도를 통해 많은 병자를 치료해주셨다. 아프리카에서 원주민 선교를 하려면 악한 영을 대적할 능력이 있어야 한다.

12년을 키운 아이

교회에 나오던 한 할머니가 돌아가셨다. 시신을 차에 싣고 2시간 정도 걸려 집으로 갔다. 시신을 방에 누이고, 예배드리고, 밤새 고인에 관해 이야기를 나누는 게 그곳의 풍습이었다. 나는 예배만 드리고 그 집에서 나오는데 예닐곱 살 된 한 아이가 울면서 쫓아 나왔다. 그 할머니의 손녀였다. 아이는 내 치맛자락을 붙잡고 놓지를 않았다. 교회 여자 집사님들이 아이를 안고 안으로 들어갔는데 아이가 어찌나 서럽게 우는지 나는 무척 마음이 쓰였다.

그런데 몇 해 지난 어느 날, 그 아이가 나타났다. 아이는 꽤 자라 있었는데 말을 전혀 하지 못하는 농아였다. 학교에 보내야 하는데 일반학교는 어렵고 특수학교에 보내야 했다. 차로 2시간쯤 되는 거리의 학교를 찾아가자 학교에서 아이를 받지 않는다고 했다. 내가 담당자에게 물었다.

"왜 아이를 받을 수 없다는 거죠?"

"작년에 이 아이 아버지가 와서 새 학기가 시작될 때 아이를 데려오겠다고 자리를 비워봐 달라고 했어요. 그러고는 오지 않았어요. 이 아이 때문에 다른 아이도 받을 수 없었어요."

내가 모든 걸 다 책임질 테니 받아달라고 부탁했지만 그래도 거절해서 그냥 돌아올 수밖에 없었다.

그러던 어느 날, 아이의 친엄마가 찾아왔다. 부모가 다 있는데 서로 책임지지 않으려고 했다. 그런 고아 아닌 고아들이 너무 많았다. 자기가 키울 형편은 안돼서 그녀는 결국 그 아이를 우리에게 맡기고 갔다.

나는 다시 그 학교에 가서 사정했다.

"학비는 무조건 1년 치를 다 내고, 내가 다 책임질 테니 입학시켜주세요."

그렇게 학비도 내고 교복도 입혀서 학교에 보냈다. 그때부터 우리는 초등 7년, 중고등학교 5년, 12년 동안 이 아이의 보호자가 되어주었다. 아이는 학기 중에는 기숙사에 있다가 방학이 되면 우리에게 생활비 지원을 받으며 친척집에서 지냈고, 지금은 졸업하고 네일아트를 배워 일하고 있다. 어엿한 사회인으로 잘 자란 아이의 모습을 보면 너무나 사랑스럽다.

유명한 설교자가 아니라 당신을 초청하는 것입니다

2004년 가을, 남편이 남아공 주교로부터 초청을 받았다.

"매년 연말에 넬스프루이트(Nelspruit)의 공설운동장에서 집회가 열리는데, 금년 집회에 김 선교사님께서 설교를 해주십시오."

"설교 대상은 누구이고, 얼마나 모입니까?"

"만 명 이상이 모이며 교회 지도자들과 정치인들, 그리고 주지사나 남아공의 부통령까지 참석하기도 하는 대형 집회입니다."

남편은 부담스러워서 주교에게 전화를 걸어 이를 고사했다.

"저를 설교자로 초청하여 주셔서 감사합니다. 그런데 그 집회에서는 제가 설교를 하는 것보다 한국의 명성 있는 설교자를 모셔오는 게 좋겠습니다. 그래야 참석한 자들이 은혜를 받는 데 더 효과가 있을 것 같습니다."

"그렇게 생각하신다면 편하게 하십시오."

그러나 약 5주 동안 미국과 한국의 설교자들 중 영어로 설교하는 목회자들을 찾아보았으나 한 사람도 찾지 못했다. 대부분의 목회자들이 "연말연시에는 교회 사정으로 자리를 비울 수가 없습니다"라고 하면서 초청을 받아들이지 않았다. 결국 남편은 집회를 일주일 정도 남겨놓고 주교에게 다시 전화했다.

"한국에서 유명한 설교자를 초청하려 했으나 교회마다 연말행사로 목회자들이 교회를 떠날 수 없다고 합니다. 그래서 아직 설교할 목사님을 찾지 못했습니다."

"김 선교사님! 우리는 당신을 초청하는 것이지 다른 한국인 목회자들이나 유명한 설교자를 초청하는 게 아닙니다. 남아공에 유명한 설교자가 없어서 김 선교사님을 초청한 줄 아십니까? 하나님께서 당신을 세우시기에 초청하는 것입니다."

그 일이 자신에게 주어진 몫이라는 것을 깨달은 남편은 더는 변명할 수도, 거절할 수도 없다는 것을 알고 그때부터 밤을 새워가며 기도하고 설교를 준비했다. 그러다가도 "하나님, 저는 설교를 잘 못 하는데, 저들이 실수로 저를 초청한 것이 아닌가 생각됩니다"라고 혼자 중얼거리기도 했다.

남편은 설교 제목을 정하고 집회 하루 전까지 마지막 부분을 정리한 후 넬스프루이트로 갔다. 2004년 12월 31일, 집회가 열리는 공설운동장과 가까운 곳에 호텔을 정하여 휴식을 취하고 있으니 저녁 6시쯤 주최 측에서 차를 보내왔다.

　강단에 오른 남편은 자리에 앉아 간절히 기도했다.

　'하나님, 오늘 밤 제게 담대함과 성령의 기름을 부어주셔서 저를 통해 예수 그리스도의 복음이 전파될 때 이곳에 모인 모든 사람에게 큰 은혜가 넘치게 해주세요.'

　여러 지방에서 참가한 교회들이 찬양한 후, 주최 측이 남편을 소개했다. 많은 사람이 모인 장내가 어수선하고 시끄러워 설교를 곧장 시작할 수가 없어 조용해지기를 기다리는데 도무지 조용해질 기미가 보이지 않았다. 그래서 남편이 큰 소리로 "할렐루야!"라고 외치고 잠시 기다리니 모인 무리가 "아멘" 하고 응답한 후 조용해졌다.

　처음으로 많은 청중이 모인 집회에서 설교하는데, 성령님의 도우심과 기름부으심으로 조금도 떨리지 않고 긴장감 없이 또박또박 힘 있고 자신 있게 설교할 수 있었다.

　설교가 끝나자 강단 위에 앉아 있던 남아공의 목회자 몇 사람이 악수를 청하며 "정말로 많은 은혜를 받았습니다. 오늘 하신 설교원고를 복사해주시면 감사하겠습니다"라고 했다.

일주일쯤 지난 어느 날, 남아공의 임마누엘 국제신학교 출신인 프레실라(Precila) 전도사의 전화가 왔다.

"선교사님이 공설운동장에서 하셨던 설교가 지금 라디오 방송에서 나오고 있습니다. 들어보세요."

우리는 방송을 들으며 하나님께서 '담대하게 자신감을 가지고 설교하라'라며 베풀어주신 큰 은혜임을 알고 함께 감사드렸다. 하나님께서 영혼 구원 사역을 위해 무명의 설교자에게도 필요에 따라 기름을 부어주셔서 능력 있는 설교를 시키신다는 것을 깨닫고, 그 후로 남편은 많은 청중 앞에서 설교하는 데 자신감을 갖게 되었다.

아직 할 일이 많습니다

2005년 7월 초에 공항감리교회 남천우 목사님이 10년 만에 다시 아프리카를 방문하여 중남부 아프리카 한인선교사 세미나를 인도하고 원주민교회에서 설교를 하셨다. 남편이 남 목사님을 모시고 수도에서 약 40킬로미터 떨어진 교회로 설교를 하기 위하여 원주민 교우들 6명과 떠났다.

아스팔트 길이 끝나고 모랫길을 주행하던 중 지프차가 미끄러지며 뒤집혔다. 순간, 남편은 차 안의 현지인들이 울부짖는 소리를 들으며 잠깐 정신을 잃었는데 깨어보니 현지인 교우들은 차에서 빠져나갔고 남 목사님은 자동차 옆에 바짝 붙어 누워있었고, 남편은 안전벨트에 매달린 채 움직일 수가 없었다고 한다.

차가 금방이라도 폭발할 것 같은 느낌이 들어 시동을 꺼보려고 키를 돌려봤지만 허사였다. 밖을 향해 "남 목사님을 빨리 자동차 옆에서 옮겨가야 한다"라고 소리를 쳤지만 아무도 자동차 가까이 오지 않았다. 남편은 기도했다.

'하나님, 살려주십시오. 아프리카에 아직 할 일이 많습니다.'

그리고 안전벨트를 간신히 풀고 차 밖으로 나와 전혀 움직이지 못하는 남 목사님을 차에서 멀리 옮겨놓았다.

원주민 목사님이 휴대폰으로 소방서와 병원에 응급차를 요청했다. 남 목사님은 병원에 도착하여 한국인 외과 의사인 민병준 박사의 도움으로 엑스레이 촬영을 하고 입원할 수 있었다.

검진을 마친 민 박사가 "스와질랜드 병원의 시설과 의술로는 치료가 힘들겠습니다. 아무래도 최신 시설을 갖춘 병원으로 이송하는 게 좋겠습니다"라고 하여 급히 남아공 큰 병원으로 이송, 입원을 시켰다. 그 병원에서 정밀검사를 한 결과 "이 환자는 갈비뼈가 여러 대 부러져 즉시 수술해야 합니다. 지금 생명이 위급하니 속히 수속을 끝내십시오"라고 했다. 입원과 수술 수속이 끝나고, 남 목사님은 4시간 동안 수술을 받았다.

목사님은 하나님의 은혜로 수술을 성공적으로 마치고 일주일 동안 병원에 계시다가 퇴원하여 한국으로 귀국하셨다. 큰 교통사고를 당한 가운데서도 생명을 살려주신 하나님께 감사와 영광을 돌리며 의사와 간호사 그리고 방문객에게 농담까지 하셨다.

남 목사님은 "출국하기 전에, 설교하러 가다가 사고를 당하여 가지 못한 교회에서 설교하겠다"라고 하여 수술 후 회복하지 못한 몸으로 다시 그 사고 현장을 거쳐 교회에 가서 주일 설교를 한 후에 아프리카를 떠나셨다.

우리는 이 사고를 통해 항상 죽음을 준비하는 신앙을 가져야 하며, 주님이 부여하신 일에 날마다 최선을 다해야 함을 깨달았다.

의대 설립 부지에서 만난 강도들

2007년에 우리는 또 한 번 험한 일을 당했다. 어느 토요일, 나는 신학교 운영에 필요한 돈을 보내려고 은행에서 돈을 찾아서 교회로 갔다. 교회에서 일을 마친 남편을 차에 태우고 집으로 가는 중에 남편이 말했다.

"대학교 지을 땅 보여줄까?"

"그래요."

좁고 험한 길을 따라 학교 지을 부지에 다다랐다. 땅을 돌아보고 있는데 남편이 말했다.

"저기 저 애들 좀 이상한 것 같아."

"우릴 쫓아온 거예요?"

"아니, 이 동네 애들인 것 같은데….'"

내가 보기에는 그냥 동네 청년들 같아서 신경 쓰지 않고 차에 타서 차 문을 닫으려는 순간, 그들이 달려들었다. 내 핸드백을 잡고 놓지 않았다. 그래서 남편이 그들을 제어하기 위해 차에서 내렸다.

나도 따라 내리려는데 몽둥이를 든 한 청년이 차를 막 두드리며 다가오는 게 보였다. 그래서 다시 올라타서 차 문을 잠그고 그들을 쫓기 위해 경적을 계속 울렸다. 그랬더니 놀랐는지 차에서 떨어지더니 사라졌다. 차에서 내려 주변을 보니 남편이 그들에게 맞아 쓰러져있었다.

"여보, 괜찮아요? 정신 차리고 어서 차에 타요."

"당신이라도 어서 빨리 가."

"아니, 어떻게 혼자 가요?"

나는 간신히 남편을 끌다시피 하여 차에 태웠다. 그러는 중에 신발이 벗겨졌지만, 다시 차에서 내렸다간 강도들이 숨었다가 또 달려들 것만 같아서 그것을 집으러 갈 수가 없었다. 교회로 가서 청년들을 데리고 다시 그곳으로 가보니 아무도 없었고, 경찰에 신고했지만 그들을 잡을 수는 없었다.

강도사건 후 남편은 간신히 몸을 추스르고 일주일 후에는 한국에 들어갔다. 우리는 3월부터 10월 초까지 아프리카의 선교지를 방문하는 단기 선교팀 일정 때문에 20여 년 동안 한 번도 여름에 한국을 방문한 적이 없었다. 그런데 에스와티니에 기독의과대학교 설립을 위해 한국에서 설립발기인 총회를 하니 반드시 참석해달라는 요청이 왔고, 마침 그 기간에 오기로 한 선교팀 일정이 취소되어 한국에 갈 수 있었다.

긴급한 심장 수술

6월 25일 건국대학교 새천년회관 국제회의실에서 의사들과 교수들, 그리고 목사님들과 선교 동역자들, 각계의 유명인사 등 약 300여 명이 참석하여 설립총회를 성공적으로 치렀다.

다음 날 남편은 병원에서 건강검진을 받았는데 의사가 "선교사님의 심장에 문제가 있어서 더 정확한 검진을 위하여 큰 병원에 의뢰해야 하겠습니다"라고 했다. 그래서 그다음 큰 병원에서 심장 초음파 촬영을 하고 다시 검사를 받았다.

검진 후 의사는 "심장의 큰 세 줄의 관상동맥이 모두 석회질로 막혀 있고, 아래에 있는 작은 혈관도 하나가 막혀서 심장이 거의 마비 단계에 와 있습니다. 이 몸으로 어떻게 17시간 비행기를 타고 한국으로 올 수 있었는지 정말 기적입니다"라면서 바로 수술을 받아야 한다고 했다.

우리는 너무나 의외의 말에 할 말을 잃었다. 남편은 상태가 심각하여 바로 수술 준비를 위해 입원을 해야 했다. 그런데 남편이 어느 교회 집회에 가야 한다고 했다. 나는 기가 막혔다.

"아니, 지금 당신 제정신이에요? 빨리 입원해서 수술해야 한다잖아요!"

"나도 아는데, 이 교회는 집회 취소를 할 수가 없어서 그래. 친한 목사님인데 내가 심장에 이상이 있어서 못 간다고 하니 '선교사가 죽으면 죽으리라 하고 와야지'라고 하네."

그래서 3시간 정도 차를 타고 군산의 복음교회(김동태 목사님)에 같이 갔다. 내가 선교 보고를 하는데 중간쯤 하나님께서 성령을 충만히 부어주셨다.

'기도하라. 내가 너와 함께한다.'

마음에 평안이 임하며 모든 것이 하나님의 은혜라는 것이 깨달아졌다. 남편이 검진을 받고 심장 상태를 알게 된 것도, 빠르게 수술을 받을 수 있게 된 것도 은혜였다.

남편의 지시로 나는 혼자 아프리카로 가서 5일간 그곳 일을 어느 정도 정리해놓고 와야 했다. 무슨 정신으로 했는지도 모르겠다. 다음 날이 수술인데 돌아오는 비행기에서 그저 기가 막힐 뿐이었다. 공항에서 곧바로 병원으로 갔다. 의사가 남편이 받을 수술을 설명해주었다. 가슴을 열고 뼈를 잘라서 심장을 들어내고, 팔과 다리와 가슴의 혈관을 잘라서 관상동맥에 잇는 큰 수술이라고 했다. 수술이 잘되어도 반신불수가 될 수도 있다고 했다.

수술 당일, 병원에서 대기하는데 텔레비전에서 아프가니스탄에 선교 간 목사님들이 인질로 잡혔다는 뉴스가 나왔다. 내 옆에서 딸 학영이는 아빠를 걱정하며 울고 있었다. 나는 갑작스러운 남편의 수술도 걱정이지만 이제 막 시작하려는 기독의과대학을 어떻게 해야 할지도 염려되었다.

'아, 하나님…. 정말 왜 이러세요? 나는 아무것도 못 하는데 대학은 어떻게 하라고 지금 이러십니까?'

아들은 미국 영주권을 신청한 상태라 미국을 떠나올 수가 없어서 한 시간에 한 번씩 전화했다. 수술 시간이 5시간이 넘어갔다. 우리에겐 몇 시간이 아니라 며칠을 기다리는 것 같았다.

수술을 마치고 중환자실로 옮겨진 남편을 면회하러 들어갔다. 워낙 큰 수술을 하고 나서인지 몸의 모든 구멍에 다 관이 끼워져 있었다. 너무나 처참한 모습이었다. 그런 남편을 보고 있으려니 '둘이 같이 아프리카에 돌아갈 수 있을까' 하는 생각이 들었지만, 마음을 가다듬고 그를 위로했다.

"여보, 수술은 잘 됐고, 마치 자동차의 엔진을 갈아 끼운 것과 같은 수술을 했으니 지금 이 어려운 시기만 잘 넘기면 예전보다 더 건강하게 된대요."

남편이 수술을 받는 동안 아프리카 7개국 동역자들과 한국의 후원교회들, 독일, 영국, 스페인의 동역자들, 미국과 캐나다의 동역자들 등 13개국에서 간절히 중보해주었다. 그 기도가 하나님께 상달되어 수술이 성공적으로 끝날 수 있었다고 믿는다.

회복의 은혜와 기적

3일 후 중환자실에서 병실로 옮겼다. 그때부터 정말 많은 사람이 면회를 와주었다. 너무 많이 와서 병원에서 병실 앞에 경비를 세워둘 정도였다. 수술이 성공적으로 끝났다는 소식이 전해지자 우리를 사랑하는 동역자들이 2천만 원이 넘는 병원비를 위한 기도를 시작했다. 하나님께서 그 기도를 들으시고 갈보리교회의 이필재 목사님을 통해 해결해주셨다.

퇴원 후에는 한국중앙교회 선교관에 있었다. 수술 후 남편은 아무것도 혼자 하면 안 되었기 때문에 나는 남편의 수족이 되어 간호했다. 얼마나 있어야 할지도 알 수 없었다. 나는 "호산나 호산나 죽임당한 어린양, 예수 다시 사셨네" 이 찬양이 자꾸 맴돌아 계속 부르고 다니면서 속으로 기도드렸다.

'하나님, 살려주셨으니 다시 아프리카에 가게 해주셔야 해요. 여기는 우리 있을 곳도 없어요. 우린 아프리카 가야 되니까 보내주세요.'

수술 후에도 여러 모양으로 하나님께서 우리를 향하여 보여주신 사랑을 생각하면 가슴이 뜨거워지고 눈물이 앞을 가린다. 회복을 돕는다고 도가니탕을 끓여서 커다란 들통에 국을 담아 한 시간이 넘도록 지하철을 타고 땀을 뻘뻘 흘리면서 들고 오신 어느 연로하신 장로님, 바쁜 시간을 쪼개어 보신탕을 사 오신 장로님, 군산에서부터 김치와 게장을 담그고 먹을거리를 챙겨오신 어느 목사님 내외분, "입맛을 돋우셔야지요"라며 서해안의 명물인 온갖 조개 종류를 10일 간격으로 택배로 보내주신 어느 전도사님 내외분…. 또 "차량으로 돕겠다"라며 시간을 내어 자동차를 몰고 와서 대기하시는 분들, "무엇을 좋아하실지 몰라 봉투를 가지고 왔다" 하시는 분들, "살아주셔서 너무나 고맙다"라며 두 손을 잡고 목이 메어 말씀하시는 어느 목사님, "금식하면서 눈물로 기도한다"라는 목사님들, 주일이 되면 교회에 갈 수 없는 우리를 위하여 찾아오셔서 예배를 인도해주신 목사님들…. 이루 다 말로 표현할 수 없을 정도였다.

이들의 기도와 정성 덕분에 남편은 빠른 회복세를 보였다. 병원 측에서 "어떻게 회복이 이렇게 빠른지 모르겠습니다"라고 해서 우리는 "하나님께 기도하는 사람들이 얼마나 많은데 회복이 빠르지 않겠습니까"라고 대답했다.

한국에서 약 4개월간 치료받고 에스와티니로 돌아오니 사임 고등학교 학생들이 단체로 전세 버스를 타고 공항에 나와 환영 해주었다. 남아공의 신학교에서도, 이시드라교회 교인들과 에스와티니 원주민 목사님 부부도 살아 돌아와서 고맙다며 눈물을 흘리고 얼싸안고 춤을 추었다. 기뻐하는 현지인들을 보면서 하나님의 큰 사랑이 마음에 가득 차올라 눈물이 났다.

공항에 나와 환영해준 사람들

순박하고 사랑스러운 아프리카 사람들

어느 날, 에스와티니 교회협의회 총무가 남편을 만나고 싶다고 연락해왔다. 그가 선교센터로 찾아와 말했다.

"그동안 김 선교사님을 만나려고 몇 개월 전부터 전화했는데, 그때마다 부재중이셔서 통화조차 할 수가 없었습니다. 저는 아프리카 대륙 여러 나라를 다니며 회의를 하는데, 그때마다 여러 나라에서 온 몇몇 대표들이 '에스와티니의 김종양 선교사를 잘 아느냐?'라고 물어서 곤란했습니다. 에스와티니의 교회협의회 총무인 제가 선교사님을 한 번도 만나본 적이 없어서요.

김 선교사님에 대해 궁금하기도 하고, 몇 개월 후에는 케냐에서 여러 교회 지도자들과 만남이 있는데 그때 자신 있게 김 선교사님을 안다고 말하고 싶어서 이렇게 찾아뵈었습니다."

남편은 사역하면서 아프리카 종교단체의 중직자나 교회 대표 지도자를 먼저 만나려 한 적이 거의 없고, 사역을 광고하거나 사람들 앞에 서려고 한 적이 없지만, 아프리카 여러 나라의 현지인 교회 대표 지도자들이나 선교사들 사이에서는 잘 알려진 모양이었다.

나는 교회협의회 총무가 너무나 솔직하게 하는 말을 들으면서, 꾸밈없이 사실대로 말하는 이 아프리카인들의 솔직담백한 인간성이 마음에 들었다.

'어쩌면 이 아프리카인들은 본성이 그렇고, 이 사회가 사람을

그렇게 단순한 사고방식을 가지게 하고, 복잡하지 않은 인간관계를 가지게 하는 건 아닐까?'

남편은 아프리카인들의 이런 점들을 좋아해서 "나는 아프리카와 결혼했다"라고 거리낌 없이 말하곤 한다. 나 또한 순박하고 꾸며낼 줄 모르는 아프리카인들이 참 좋다.

선교사역은 흑암에서 죽어가는 영혼을 사랑하여 복음을 선물로 나누어주고, 그들의 생활이 향상되도록 시간과 물질을 나누어주는 사랑과 희생이 핵심이다.

> 내가 내게 있는 모든 것으로 구제하고 또 내 몸을 불사르게 내어줄지라도 사랑이 없으면 내게 아무 유익이 없느니라 고전 13:3

원주민선교 사역은 정말 사랑이 없으면 할 수 없다. 나의 의와 만족을 위한 사역은 잠시 진행할 수는 있겠지만 그리 오래가지 못하고 포기하게 된다. 그러나 자신을 구원해주신 하나님의 은혜에 감격하여, 주님께서 베풀어주신 그 사랑을 죽어가는 영혼에게 나누어주며 그들을 진정 사랑하는 마음으로 사역을 감당하면 어떤 역경도 이겨낼 수 있다. 역경을 이기는 인내의 근원은 곧 '사랑과 믿음'이다.

PART 3

/

너희의 것들을
나누어라

5장

위험과 위협을 넘어서

모잠비크 최초 한국 사절단

1990년, 나는 아프리카에 남아 있고 남편은 모잠비크 마셀렐라 전도사님과 함께 잠시 한국에 들어갔을 때였다. 두 사람이 택시를 탔는데 라디오에서 '아프리카를 가다'라는 KBS-TV 프로그램이 소개되고 있었다. 촬영팀이 아프리카 북쪽 중간쯤에서 전화로 현지 상황을 전했다. 라디오를 듣던 남편은 당시 모잠비크 전쟁 상황을 국내에 알리기 위해 방송국에 전화해 담당자와의 통화를 요청했다.

"저는 아프리카 선교사인데 혹시 '아프리카를 가다'팀이 모잠비크와 스와질랜드(국명이 에스와티니로 바뀌기 전이었다)에도 가나요?"

"아니요, 말라위와 남아공에만 갑니다."

"그러면 스와질랜드에서 촬영하고 모잠비크를 거쳐서 남아공으로 가면 어떨까요?"

"모잠비크는 비자를 받기가 어려워서 힘들 것 같습니다."

남편은 곁에 모잠비크 목사님도 있다며 본인이 책임지고 비자를 받아주겠다고 설득했다. 그 덕분에 결국 한국 촬영팀이 모잠비크와 에스와티니도 들르게 되었다.

남편은 마셀렐라 전도사님을 아프리카로 먼저 들여보내 KBS 촬영팀을 맞이할 준비를 하게 하고, 내게도 촬영팀을 도우라고 당부했다. 나는 걱정하지 말라고 했다.

1990년 2월 11일, 한국 촬영팀 11명이 에스와티니에 왔다. 그날은 옆 나라 남아공에서 흑인인권운동가 넬슨 만델라(Nelson Mandela. 1994년에 남아프리카공화국 대통령으로 당선되었다)가 28년 만에 출소하는 날이기도 했다. 종신형을 선고받고 복역하던 만델라가 마침내 자유의 몸이 되었다며 전 세계적으로 떠들썩하던 특별한 날에 한국 촬영팀이 에스와티니 공항에 내렸다.

나는 그들의 비자부터 숙식 전반을 도와드렸다. 남편은 조금 나중에 들어와 KBS 촬영팀을 섬겼다. 그들은 에스와티니 왕도 만나고 대사관의 초청도 받았다. 남편은 통역하기 위해 한국 촬영팀과 에스와티니, 모잠비크, 말라위까지 동행했다.

촬영팀은 전쟁이 발발한 지역에 가서 사진을 찍고 싶어 했다. 촬영팀 11명에 마셀렐라 전도사님과 남편까지 헬리콥터 2대가 필요했다. 촬영팀 모두 남편과 같은 헬리콥터를 타겠다고 했다. 촬영팀은 에스와티니 상황을 열심히 찍은 후에 모잠비크로 가서 전쟁 중인 모잠비크의 상황을 카메라에 담았다.

남편은 한국에 모잠비크 상황을 알려서 구호물자와 지원 자금을 모금하고자 했다. 모금이 생각보다 잘 이뤄지지는 않았지만, 이를 계기로 아프리카와 모잠비크의 실정이 널리 알려졌다. KBS-TV는 이 프로그램을 '아프리카를 가다'라는 제목으로 매일 아침 10분 동안 방영해서 많은 사람이 보았고, 이때 내 동생도 방송을 보고 연락을 해왔다.

그때 동행한 모잠비크의 마셀렐라 전도사님은 목사님이 되었고 지금까지도 우리와 동역하고 있다. 그가 1990년에 남편과 한국을 방문했을 때 한국은 올림픽 이후 급성장 중이었다. 당시 모잠비크에는 북한 대사관이 자리를 잡고 세력을 떨치고 있었다. 북한 사람들은 자유롭게 다녔지만, 한국 사람들은 비자를 꼭 받아야 했고 혹 모잠비크에 가더라도 북한 사람들이 해코지할까 봐 자유롭게 다니지 못했다.

마셀렐라 전도사님은 한국에 다녀와서는 모잠비크 대통령에게 "한국은 미국과 버금가는 아주 잘사는 나라"라며 북한이 아니라 한국과 손을 잡아야 한다고 강하게 주장했다. 이후에 모잠

비크의 북한 대사관은 문을 닫았고 현재는 대한민국 대사관이
세워졌다.

너는 모잠비크로 가라

우리가 모잠비크인 마셀렐라 전도사님을 처음 만난 것은
1988년 8월, 그가 가메제 목사님을 만나러 에스와티니의 선교센
터로 왔을 때였다.

그는 "상당히 많은 선교사가 모잠비크 정부에 대항하기 위해
반란군을 지원하고 있는데, 그들의 그런 행동은 잘못된 것입니
다"라고 말했고, 남편은 그 말을 강하게 반박했다.

"공산주의 국가들은 하나님의 교회를 대적하는 적그리스도이
므로 선교사들이 당신 나라 정부를 반대하고 반군들을 지원하
는 것은 너무나 당연한 일이라고 생각합니다. 예를 들어 한국 전
쟁 때 북한 공산주의자들이 얼마나 잔인하게 무고한 사람들을
많이 죽이고 그리스도인들을 살해했는지 당신은 모릅니다."

그러나 그 형제 역시 뒤로 물러서지 않고 말했다.

"모잠비크에도 종교의 자유가 일부 허용되고 있습니다. 그 점
이 사실이라는 것을 실질적으로 보여주고 싶어요. 꼭 우리나라
에 와서 복음을 전해주었으면 좋겠습니다. 선교사님을 모잠비크

에 초청하기 위하여 2주 후 다시 찾아오겠습니다."

남편은 모잠비크 선교가 마음에 내키지 않았고, 모잠비크 대사관에 입국비자를 신청했으나 허락되지도 않았다. 그런데 얼마 후 마셀렐라 전도사님이 다시 선교센터에 와서는 모잠비크 정부가 남편의 방문비자를 발급해주었다는 소식을 알렸다.

말라위에서 선교활동을 하는 동안 우리는 주변국인 모잠비크에 관한 소식을 많이 들었다. 당시 모잠비크는 아프리카 중에서도 가장 복음이 전해지지 않은 나라였고, 전쟁 중인데다가 공산 정권 치하에 있었다. 국토면적은 한반도 전체 면적의 약 3.6배나 되며, 470년 동안 포르투갈의 식민지로 있다가 1975년에 독립했다. 우리나라가 일제로부터 해방된 후 6.25의 처절한 전쟁을 치렀듯이 모잠비크도 독립 후 공산 정부에 대항하는 게릴라 부대의 전쟁이 지속되고 있었다.

공산정권을 세워 통치자가 된 모잠비크 대통령 사모라 마셸 (Samora Machel)은 북한, 중국, 소련에서 수년 동안 훈련을 받은 무척 잔인한 사람이었다. 그는 "하나님은 죽었다"라며 선교사들을 추방하거나 감금하고, 현지인 목회자들과 성도들을 감옥에 보내거나 일부는 총살하는 등 기독교에 엄청난 핍박을 가했다.

1982년부터 종교의 자유를 부분적으로 허락했지만 내전이 끊이지 않는 모잠비크를 위해 서방의 선교단체들은 기도하며 준비하고 있었다.

남편이 처음 모잠비크 선교 이야기를 꺼냈을 때 나는 극구 반대하며 나중에 하자고 만류했다.

"여기 스와질랜드나 주변 여러 나라에 복음을 전할 곳도 많은데 왜 하필이면 공산권에다가 전쟁 중인 모잠비크로 가려고 해요?"

당시 아들 학수는 초등학생이고 나는 출산을 앞두고 있었다. 그런 상황에서 남편이 전쟁터로 갔다가 무슨 일이 일어날지도 모르고, 또 북한 군사고문단이 5천 명이나 주둔하고 있다 보니 북한으로 끌려갈 수도 있어서 너무도 불안하고 걱정이 되었다.

"나도 아는데… 기도할 때마다 하나님이 자꾸 가라고 하시는 것 같아."

결국 남편은 주위의 어떤 나라들보다 모잠비크가 전쟁으로 인한 불안과 배고픔으로 하나님의 사랑과 도움이 필요하다고 여기고 모잠비크 선교를 결심했다. 다음은 남편이 당시 상황을 정리해둔 내용이다,

1988년 11월 말, 아프리카 선교사들에게는 두려움과 공포의 나라인 모잠비크에 가기로 결정하고 서둘러 비행기표를 예약했다. 비행기는 모두 8명이 탄 조그마한 경비행기였는데 소리가 요란

하고 무척 흔들렸다. 스와질랜드 만지니(Manzini) 공항에서 모잠비크 마푸토 공항까지는 약 30분 거리였다.

비행기 안에서 나의 모든 선교 일정을 주님께서 인도해주시도록 간절한 기도를 드렸다. 비행기의 창으로 내려다보이는 모잠비크 땅은 13년 동안이나 전쟁으로 인하여 수많은 사람이 살해되었고 현재도 동족 살생의 참혹한 전쟁을 하고 있다는 것이 믿어지지 않을 만큼 평화로워 보였다.

비행기를 타고 오는 30분 정도의 시간 동안에 가족의 얼굴이 필름처럼 스쳐 가고, 또한 내가 월남전에서 체험했던 일들이 생생하게 떠올랐다. 그때 나는 군인은 아니고 비전투요원으로 월남에 갔다. 막사 주위에 적의 포탄을 피하기 위하여 튼튼한 대피호를 만들어 놓은 곳이 있었다.

도착한 첫날 자정쯤에 폭탄이 떨어지는 요란한 소리가 주위의 여기저기서 나서 놀라 잠이 깼다. 침대에서 일어나 갑작스런 상황에 정신없이 내 신발을 찾아다니다가 동료들은 이미 대피하고 나만 혼자 남아 있는 것을 알게 되어 기겁하고 부랴부랴 대피호로 찾아 들어간 일이 있었다. 이렇게 겁도 많고 전쟁의 공포를 체험한 내가 전쟁이 한창인 모잠비크에 선교를 하러 가고 있었다.

내가 이르되 슬프도소이다 주 여호와여 보소서 나는 아이라 말할 줄을 알지 못하나이다 하니 여호와께서 내게 이르시되 너는 아이라 말하지 말고 내가 너를 누구에게 보내든지 너는 가며 내가 네게 무엇을 명령하든지 너는 말할지니라 렘 1:6,7

예레미야가 하나님의 부르심을 받고 "나는 아이라 말할 줄을 알지 못하나이다"라고 하나님께 고백했듯이, 나 역시 모잠비크로 가라는 성령님의 인도하심 앞에 심히 주저하며 "보소서. 저는 공산주의와 전쟁이 두렵고 떨리는 겁쟁이입니다"라고 고백했지만 하나님은 '너는 모잠비크로 가라'라고 명령하셨다.

우리를 태운 비행기가 공항에 착륙할 때 밖을 내다보니 소련제 전투용 헬리콥터가 보이고 완전무장을 한 군인들이 곳곳에 경비하고 있었다. 공항에 도착하여 약간 긴장되기는 했지만 하나님께서 평안한 마음을 주셔서 안정을 찾을 수 있었다.

마셀렐라 전도사와 함께 입국 수속과 짐 검사를 마치고 출구로 나오니 파란색 지프와 군용지프 2대가 대기하고 있었다. 차에 타기 전에 "이 차들은 어디에서 마중을 나온 차입니까?"라고 물으니 "파란색의 저 차는 교육부 소속이고, 다른 차는 국방부와 법무부 소속 차량입니다."

"그러면 내가 가는 곳은 어디입니까?"

"당신은 지금 법무부로 직행합니다."

순간, 나는 '내가 속았구나' 하는 생각이 들어 가슴과 다리가 후

들후들 떨렸다. 나는 방언으로 회개기도를 하면서 하나님께 도움을 청했다. 성경에 원수를 사랑하라고 했는데 공산정권과 모잠비크 정부를 신랄하게 비판한 실수를 범했으니 큰일이 닥친 것이리라 생각하며 회개하고, '하나님 한 번만 살려주시면 절대 공산주의 비판하지 않고 복음만 전하겠습니다'라며 간절히 기도하고 나니 하나님께서 나에게 평안함과 담력을 주셨다.

법무부에 도착하자 잠발라 종교국장이 자신을 소개하며 "김 선교사의 모잠비크 방문을 환영합니다"라고 말했다.

모잠비크의 잠발라 종교국장

"마셀렐라 씨의 말에 의하면 김 선교사가 모잠비크 정부에 대하여 잘못된 편견을 가지고 있는 것 같습니다. 오늘부터 법무부 종교청에서 제시한 일정대로 움직여주기 바랍니다."

우리는 법무부를 나와 마셀렐라 전도사가 마련해 놓았다는 숙소로 갔다. 변두리 지역, 길옆에 있는 2층 집인데 수도시설이 파괴되어 물이 제대로 공급되지 않아서 화장실에서는 악취가 났다. 나는 숙소에 도착하자마자 북한 군인들이 나를 공격해 올지도 모른다는 생각이 들어 2층 방을 점검하며 만일 도로변에서 총을 쏘고 폭탄을 던지면 피할 수 있는 곳을 두리번거리며 먼저 찾아보았다.

숙소에서 준비해놓은 점심 식사를 간단히 하고, 오후 3시쯤 마셀렐라 전도사와 함께 국방부에서 내어준 차로 이동하여 어떤 창고 같은 장소에 도착하니 그곳에 50여 명이 모여 있었다. 지도자로 보이는 사람이 모인 사람들에게 나를 소개한 후에 내게 "설교를 부탁합니다"라고 했다.

갑자기 설교 부탁을 받고 당황했지만 성경을 펼쳐 들고 잠깐 기도를 하는데 성령께서 설교할 성경 구절을 알려주셨다.

나는 담대하게 말했다.

"전쟁은 평화를 가져오지 않습니다. 여러분이 예수님을 자신의 주인으로, 그리고 모잠비크의 주인으로 모셔야 오랫동안의 내전이 종식됩니다."

설교가 끝난 후 노년의 지도자 한 사람이 내게 다가와 자신을 목회자라고 소개하며 말했다.

"전쟁 중인 나라에 와서 담대하게 예수 그리스도의 복음을 전하는 김 선교사님 같은 사람이 모잠비크에 열 명만 있다면 이 나라에서 전쟁은 종식될 것입니다. 이 나라를 위해 기도해주시기를 부탁합니다."

공산국가인 모잠비크에도 바알에게 무릎 꿇지 않은 칠천 명의 하나님의 사람들이 있음을 현실로 보며 아프리카 모잠비크로 나를 보내주신 하나님께 감사했다.

약 2주 정도 모잠비크를 순회하면서 피난민수용소와 학교, 그리고 병원 등을 방문하는 동안 예수 그리스도의 사랑을 가지고 복음을 전해야겠다는 의무감이 나를 사로잡았다.

하지만 한국인 선교사로서 신변의 안전이 보장된다고 할 수 없는 위험한 곳이며, 한국과는 전혀 외교관계가 없는 나라이기 때문에 선교활동은 매우 위험하고 어려웠다.

모잠비크 방문 일정을 끝내고 돌아오기 전날 법무부의 잠발라 국장이 말했다.

"모잠비크의 라디오 뉴스 시간에 당신의 방문은 우리나라에 최초로 찾아온 한국인으로서 역사적인 방문객으로 온 국민에게 보도되었습니다. 안정된 나라에서만 복음을 전하는 것보다 전쟁 중에 있는 위험한 곳까지 와서 선교활동을 하는 선교사들이야말로 하나님이 사랑하는 목사들이지요."

내가 "선교사들이 대부분 공산주의를 좋아하지 않기 때문에 모잠비크에 오지 않는 것이지 두려워서가 아닐 것입니다"라고 했더니 그가 호탕하게 웃었다.

그곳을 떠나오기 전, 모잠비크의 7개 교단이 모인 협의회 회장과 대화를 나누었다.

"2년 전부터 집을 잃고 고향을 떠난 많은 사람이 하나님께 돌아오고 있는데, 내가 상상하지 못한 만큼 그들이 주님을 뜨겁게 사랑하고 있습니다. 모잠비크를 위하여 기도해주시기를 부탁드립니다."

나는 그들에게 "현재 모잠비크의 크리스천을 위해 가장 필요한 게 무엇입니까?" 하고 물었다.

"이 나라에 교회가 건립되고 하루 속히 복음화될 수 있어야 한다고 생각합니다. 그리고 식량 지원과 헌 옷 등의 구호물자가 보급되었으면 합니다."

나는 가족과 함께 모잠비크에 이주하여 복음을 전하지는 못할지라도, 나 혼자서라도 자주 와서 전쟁이 심하지 않은 지역부터 복음을 전해야겠다고 결심했다.

이후 나와 마셀렐라 전도사는 매월 2주 간격으로 모잠비크의 수도인 마푸토 지역에 머물면서 선교활동을 했다. 나는 이렇게 시

작한 모잠비크 선교를 통해 전쟁터에 가야 복음이 확실히 반응
한다는 것을 알게 되었다. 다들 죽음의 공포 속에 있기에 메시지
를 전하면 복음에 문을 활짝 열었다.

성경 일부와 토속신앙을 교리로 만들어서 섬기고 있는 시온주의
그룹을 방문하여 봉사하기도 했는데, 하나님의 도우심으로 매번
상당수의 결신자를 얻곤 했다.

모잠비크 선교에서 무엇보다 가장 큰 장애물은 북한 사람들이었
다. 시온주의 지도자 한 사람이 포르투갈어로 된 김일성 교시록
을 보여주면서 말했다.

"김 선교사님, 저는 당신의 형제인 김일성이 가르쳐준 교훈을 열
심히 배우고 있습니다."

나는 "나는 김일성 교시록보다 더 중요한, 하나님의 말씀인 성경
을 전해주려고 왔습니다" 하고는 그에게 성경책을 전해주었다.

마푸토 중심가에는 스탈린도로, 모택동도로, 김일성도로가 있었
다. 공산주의자 사모라 마셸 대통령은 어느 교회 건물에 주민들
을 모아놓고 사람들에게 "하나님을 향하여 빵과 옥수숫가루를
달라고 기도해보라"라고 명령했다. 그러자 사람들이 "하나님,
우리에게 빵과 옥수숫가루를 주세요"라고 소리를 쳤으나 아무것
도 내려오지 않았다.

사모라 마셸은 "이번에는 사모라 마셸을 부르며 빵과 옥수숫가

루를 달라고 크게 외치라"라고 했다. 주민들이 그대로 하자, 공산당원들이 몰래 준비해 두었던 빵과 옥수숫가루를 창문과 문으로 쏟아 부어주고서 "보라, 모잠비크 백성들을 먹여 살리는 것은 하나님이 아니고 공산주의다. 모두 다 박수를 힘껏 치며 '모잠비크 백성들을 먹여 살리는 것은 하나님이 아니고 공산주의다'라고 외쳐라"라고 했다고 한다.

전쟁 중이던 모잠비크를 방문하였을 때 성경을 팔고 있는 어느 서점을 들렀더니 한글성경이 있어서 무척 반가웠다. 서점 주인에게 어디서 구했냐고 물었다.

"외항선을 타고 다니는 선원이 놓고 갔습니다. 얼마 전 북한 사람들이 들어와 '한국 성경을 누가 가져왔느냐'라면서 '당장 없애버리지 않으면 서점을 불태워 버리겠다'라고 위협했지만, 이 성경은 너무나 귀한 거라서 버릴 수가 없었습니다."

서점 주인이 마셀렐라 전도사에게 "당신도 김 선교사와 함께 다니는 것은 무척 위험한 일이요. 북한 군인들이 언제 당신 자동차에 폭탄 장치를 하여 당신과 김 선교사를 살해할지 모르는 일이니 함께 다니지 않는 게 좋을 거요"라고 경고했다.

그 후 나는 북한 군인들을 피하여 어느 목사님을 통해서 교회 사무실을 빌려 숙소로 정하고 있었는데, 화장실에는 물이 안 나오고, 모기는 또 얼마나 많던지 밤이면 모기와 전쟁을 하느라 밤잠을 설칠 정도였다.

서점 주인의 경고를 들은 마셀렐라 전도사가 두려워서인지 며칠 동안 내가 머물던 교회 사무실에 나타나지 않아서 불안한 가운데 배고픔과 모기의 공격에 시달려야 했다. 사흘 만에 나타난 마셀렐라 전도사는 "자동차가 고장이 나서 오지 못했다"라며 미안한 웃음을 지었다. 나는 "다시 찾아주어 고맙다"라고 감사 인사를 했다.

남아공 요하네스버그에 있는 레마(Rema)교회는 수천 명이 모이는 교회인데, 그 교회에서는 모잠비크 사람들을 위하여 두 트럭이나 되는 헌 옷을 수집하여 에스와티니로 싣고 와서 국경을 통과하여 모잠비크로 간다고 했다. 우리는 그 소식을 듣고 언제 기회를 봐서 그 뒤를 따라 자동차로 국경을 한번 통과해 보려고 마음먹었다.

드디어 어느 날 레마교회가 수집한 헌 옷을 싣고 에스와티니로 넘어와서 밤을 새우고 모잠비크 국경으로 향한다는 정보를 듣게 되어 두 트럭을 따라나섰다. 몇 시간 동안 트럭의 뒤를 따라 에스와티니를 지나서 모잠비크 국경을 통과하려고 하는데, 앞을 보니 군인 20여 명이 총을 메고 우리 쪽을 향하여 서 있었다. 직감적으로 반군이라는 생각이 들어 옆자리의 마셀렐라 전도사를 보니 그 역시 겁에 질린 표정이었다.

나는 그에게 말했다.

"반군들이 차를 세우면 서지 말고 속력을 내서 돌진합시다."

"그건 안 될 말입니다. 수십 개의 총구멍이 우리를 향하여 열리고 불을 뿜을 텐데, 그렇게 되면 우리는 살아날 가망이 추호도 없습니다. 일단 선교사님은 가만히 계십시오."

"알았습니다. 우리의 생명을 위하여 기도하겠습니다."

나는 바로 기도를 하기 시작했다. 우리 차가 그들 앞에 서서히 다가가니 계급장도 없는 군복을 입은 군인들이 차를 세우고 차문을 열었다. 그들은 잔뜩 겁에 질린 우리를 보고 "우리는 반군이 아니니 안심하라"라며 자동차를 검문한 후 통과시켜주었다.

"두려워 말라 내가 너와 함께 함이니라 놀라지 말라 나는 네 하나님이 됨이니라 내가 너를 굳세게 하리라 참으로 너를 도와주리라 참으로 나의 의로운 오른손으로 너를 붙들리라"(사 41:10)라는 말씀을 믿고, 하나님께서 베풀어주신 수많은 기적을 체험하고 역경을 이겨내며 하나님의 능력을 믿으면서도, 이런 무시무시한 경우를 당하게 되면 두려움에 떨 수밖에 없는 것이 육신의 연약함을 지닌 인간으로서는 당연한 일인지도 모른다. 그 때문에 우리는 하나님을 더욱 의지하게 되고 감사하게 되는 것이 아닐까? 지금도 나는 그때 그 두려움을 잊을 수가 없다.

오면 반갑고, 또 갈까 봐 두렵고

그렇게 남편이 모잠비크 선교를 다닐 때, 나는 어떻게 살아왔는지 모르겠다. 사실 지금도 그때 이야기를 쓰려고만 하면 가슴이 두근거린다. 앞에서도 적었듯이 당시 모잠비크는 전쟁 중이라서 남편이 모잠비크에 가면 연락이 안 되고, 그가 스와질랜드로 돌아와야 생사를 확인할 수 있었다. 그때 모잠비크에는 체류하며 사는 선교사가 없었고, 선교사들은 잠시 들어가서 복음을 전하다가 옆 나라로 피신하여 지내곤 했다.

우리는 그때 자동차도 없었거니와 육로로는 위험해서 다닐 수도 없는 상황이었기 때문에 오직 항공편만 이용해야 했다. 스와질랜드 공항에서 모잠비크 마푸토 공항까지 비행시간은 30분 정도밖에 걸리지 않지만, 비행기가 일주일에 한 대뿐이어서 한 번 가면 돌아오고 싶어도 무조건 일주일을 기다려야 했다.

모잠비크에 간 남편도 힘들었지만 집에 남은 식구들도 편히 지낼 수 없었다. 남편이 선교를 위하여 모잠비크로 떠났을 때 나는 하루도 침대에 누워서 잠을 잔 적이 없다. 어린 자녀들을 돌보면서, 밤에는 가메제 목사님과 밤새 찬송을 부르고, 큰 목소리로 성경을 읽고, 하나님께서 주의 종을 살려서 돌려보내 달라고 매일 꼬박꼬박 밤을 새우며 부르짖어 기도했다. 일주일 후에 남편이 집으로 돌아와야 비로소 '살아 돌아왔구나' 하고 감사기도를 드릴 수 있었다.

남편이 돌아와도 안심과 기쁨은 잠시였다. 나는 일주일 만에 핼쑥해진 모습으로 나타난 남편의 손을 붙잡고 이제 다시는 거기 가지 말고 여기서만 선교하자고 사정사정했다. 그때마다 남편은 다시는 안 가겠다고 대답했지만 일주일 정도 지나면 새벽에 울면서 기도를 했다.

"하나님 아버지, 주님을 알지 못한 채 저 전쟁 중에 살고 있는 모잠비크의 영혼들이 너무 불쌍해서 못 견디겠습니다. 저들은 예수님에 대해 전해 듣지 못해서 예수님을 모른 채 죽어가는데 저들이 갈 곳은 지옥이겠지요. 저들이 불쌍해서 어떻게 합니까?"

그런데 내 귀에는 그 기도 소리가 이렇게 들렸다.

"하나님 아버지, 저는 당장이라도 모잠비크에 가야겠는데 아내가 못 가게 합니다. 어떻게 해야 할까요?"

그러면 나도 괴로워서 울다가 며칠 지나면 남편더러 모잠비크에 가라고 말하고, 그 말을 들은 남편은 얼굴이 환해져서는 고마워하면서 다시 떠날 준비를 했다. 모잠비크의 불쌍한 사람들에게 먹일 것을 사고 돈을 준비하고 정신없이 바쁜 모습에 나는 또 울상이 되어 나에게 돈 좀 주고 가라고, 우리 식구도 당신의 양이니 우리도 좀 돌보라고 사정했다.

"내가 돈을 남겨 올 테니 염려 마"라는 남편에게 남겨올 돈이 있겠냐고, 우리는 돈이라도 좀 남겨주라고 다시 사정하면 남편은 "당신이 거기 있는 사람들을 안 봐서 모르니까 이런 말을 하는 거야"라며 거기에는 하루 한 끼도 못 먹는 사람이 너무 많다고 말하곤 했다.

모잠비크 선교를 결심할 때 초등학생이던 아들이 중학교 1학년이 되고 태어나지도 않았던 딸아이가 돌이 되기까지, 나는 남편이 모잠비크에 체류하는 동안에는 생사를 몰라서 밤새 울며 기도하고, 집으로 돌아와 있는 시간에는 언제 또 모잠비크로 가게 될지 몰라서 늘 살얼음판을 걷듯 살았다.

모잠비크에서 만난 북한 군인들

전쟁 직후 전도팀과 함께 시부토 말라리사 지방을 방문하여 전도 집회를 하던 중 마셀렐라 전도사님이 남편을 찾았다. 조아킴 치사노(Joaquim Alberto Chissano) 대통령의 어머니가 가톨릭 신자인데 몸이 안 좋을 때 "김 선교사님의 기도를 받으면 몸이 가뿐해진다"라고 하면서 가끔 연락하곤 했다. 전쟁 중에는 이웃들이 입을 옷이 없다며 헌 옷이 있으면 가져다 달라고 하시는 평범한 시골 할머니 같은 분이었다.

당시 북한군인 세 명이 대통령 생가에서 농사를 지어주고 경호도 한다는 명분으로 지키고 있다는 소식을 들었다. 남편은 잠시 망설이다가 마셀렐라 전도사님과 함께 대통령 생가를 방문했다. 남편이 기도하고 나오려는데 대통령 어머니가 "김 선교사님과 같은 나라 사람 세 명이 우리 집에 살고 있는데 만나보면 반가워할 거예요"라면서 그들이 머무는 곳으로 인도했다.

원수는 외나무다리에서 만난다더니 모잠비크에 오면 늘 피해 다니던 북한 군인을 피할 수 없는 상황이 되자 남편은 몹시 긴장하여 가방에서 라면 몇 개를 꺼내 들고 뒤따라갔다.

북한 군인들도 남편을 보자 당황하고 두려워하는 기색이 역력했다. 남편도 같은 심정이었지만 웃으며 인사하자 북한 군인 중 한 사람이 말했다.

"스와질랜드에서 온 목사 선생이지요? 우리가 잘 알고 있습니다."

시부토는 스와질랜드에서 자동차로 열 시간이나 떨어진 곳인데 이곳 사람들이 어떻게 남편을 잘 알고 있다는 것이었을까? 나중에 전해 듣던 나도 섬뜩했다.

남편은 애써 웃으며 라면을 건넸다.

"제가 선생님들 드리려고 이걸 가져왔는데 받으세요. 필요하면 더 가져다드리겠습니다."

"더는 필요 없소."

그들은 딱 잘라 말했다.

그들 집에는 김일성, 김정일 사진이 걸려 있었다. 예수님이 원수를 사랑하라고 말씀하셨지만, 우리 세대가 어릴 때부터 반공교육을 철저히 받아서인지 아프리카에서 북한 사람을 만나면 긴장이 되고 도무지 사랑하는 마음이 생겨나지 않았다. 그런데 그날 대통령 생가에서 만난 북한 군인들 역시 남편을 보며 두려워하는 것 같았다고 한다.

그 후 치사노 대통령의 가까운 친척이 세상을 떠나서 대통령이 고향 집에 와 있을 때, 남편은 위로의 말을 전하기 위해 그 집을 또 방문했다. 하지만 그날은 북한 군인들과 마주치지 않았다.

무당 집회 장소에 세워진 교회

한번은 시온주의 무당들이 남편을 초청했다. 그들은 남편의 성경공부를 반대하는 세력이었다. 원주민 동역자들은 하나같이 "모잠비크의 무당 중에 어떤 자들은 악령을 받아 뱀이나 하이에나와 악어까지 다스리기도 합니다. 그들을 극히 조심해야 합니다"라고 경고했다.

나도 남편도 무당집회의 초청은 피할 수만 있다면 피하고 싶었지만, 남편은 무당의 초청을 피하면 모잠비크 선교에 문제가 될지도 모른다며 가기로 했다. 다만 무당집회 장소는 갈대로 만

들어진 곳이라 비가 많이 내리면 집회가 취소될 가능성이 있어서 가기 전에 기도했다.

'하나님, 제가 지금 무당들한테 가서 걸리면 큰일 나니까 비가 많이 오게 해주세요. 밤새도록.'

밤새 기도를 했는데 다음날 새벽 5시가 되니까 정말 비가 막 내렸다. 몇 시간이고 세차게 내리는 비로 온통 물바다가 되어 '아, 안 가도 되겠구나. 비가 내리니까 무당들이 안 오겠지' 생각했는데 오전 10시가 되니 비가 뚝 그치고 햇살이 강하게 비추었다. 잠시 후 남편을 데리러 차가 왔다.

남편은 피할 수 없는 영적 전쟁이 시작되었음을 직감하며 성경을 들고 차에 탔다. 30여 분이 지나 작은 마을에 도착하니 갈대를 엮어 만든 회당에 50여 명의 시온주의 무당들이 앉아 있었다. 파란색과 붉은색 가운을 두르고 지팡이를 들고, 갈대로 만든 둥근 모양의 두건으로 머리를 감싸고 있었다.

'하나님, 제가 설교를 하겠습니다. 이 집회에 강한 성령의 기름을 부어주십시오.'

남편은 이렇게 기도한 후 30분 남짓 복음을 전하고 무당들에게 말했다.

"여러분 중에 예수님보다 더 강력한 영적인 힘이 있는 사람은 일어나시오."

바로 한 남자와 한 여자가 일어났다. 일상적으로 안수할 때는 머리에 손을 대는데, 그날은 손을 대고 싶은 마음이 들지 않아 하늘을 향해서 손을 들고 영어로 선포했다.

"예수 이름으로 명하노니 더러운 귀신아 나가라!"

그랬더니 두 사람이 몸을 뒤틀며 고꾸라졌다.

'아, 하나님이 나와 함께하시는구나! 내 편이시구나.'

그래서 기도 받고 싶은 사람은 다 일어나라고 사람들을 향하여 외쳤더니 노인 두 사람을 제외하고는 모두 다 일어났다. 더욱 힘차게 예수님의 이름으로 선포했다.

"예수의 피, 예수의 이름으로 명하노니 이 악한 더러운 귀신아 나가라!"

예수의 이름과 피만 외치는데도 그들은 맥없이 쓰러졌다. 그리고 무당들이 모임을 했던 곳에 교회가 세워졌다. 하나님의 놀라운 역사가 일어난 것이다.

모잠비크 전역에는 수백만 명의 시온주의자들이 살고 있었는데 종교청에서도 정확한 숫자의 통계를 낼 수가 없다고 한다. 그들 대부분은 토착 신을 섬기는 아프리카의 전통 신앙에 구약의 하나님을 받아들이고 구약성경 일부를 혼합하여 믿었으며, 예수님을 구세주로 믿지 않고 선지자의 한 사람으로 여겼다.

남편은 모잠비크 시온주의자들을 모아서 매주 이틀 동안 집중적으로 성경을 가르쳤는데, 시온주의자들이 성경공부를 하는 중에도 향을 피우며 제사 행위를 하여 온 집안이 연기로 가득 차는 경우가 자주 있었다.

그들은 공부를 잘하다가도 정작 예수님을 하나님의 아들과 구원의 주로 고백하는 결정적인 순간에 이르면 약 70퍼센트 정도가 성경공부를 포기했다. 남편이 70여 명의 지도자에게 1년 동안 성경공부를 시켜왔으나 그중에서 변화되어 예수님을 영접한 사람은 7-8명밖에 되지 않았다. 들인 시간과 물질, 그동안의 노력을 생각하면 그리 많지 않은 숫자다. 그래도 우리에겐 선교의 큰 효과가 아닐 수 없었다.

우리는 성경을 가르치고 복음의 씨앗을 뿌렸을 뿐, 거두시는 이는 하나님이시다. 우리는 하나님께서 이 변화 받은 시온주의 지도자들을 통해 크신 일을 행하시리라는 확고한 믿음을 가지고 그들을 중심으로 성경공부를 확대하고 그들을 따르는 사람들과 동료들에게 복음 전파 사역을 펼쳐 나갔다.

우리의 이 믿음은 정녕 헛되지 않아서 모잠비크의 선교사역 32년 동안, 그렇게 변화된 현지 시온주의 지도자들을 통하여 현재 320곳의 교회를 개척할 수 있었다.

그런즉 심는 이나 물 주는 이는 아무 것도 아니로되 오직 자라게 하시는 이는 하나님뿐이니라 고전 3:7

지혜가 부족했던 열정

전쟁이 끝난 지 얼마 안 되어서 최복규 목사님(한국중앙교회 원로)이 선교지를 방문하셨다. 이곳에 오기 전에 미국에서 집회 도중 과로로 쓰러지셨다는 소식을 들어서 아프리카에서 집회를 인도하실 수 있을지 염려가 되었다.

하지만 남편이 독일에서 주님을 영접한 후 최 목사님의 부흥 집회에서 큰 은혜를 받았기 때문에, 가능하면 그분의 설교를 원주민들에게 많이 들려주고 싶어서 원주민 목사님들에게 부탁하여 모잠비크 집회 일정을 많이 잡아놓은 상태였다.

그때는 아직 선교 차량이 없을 때라 대중교통을 이용해야 했는데 전쟁 직후인 모잠비크는 도로가 엉망으로 파괴된 데다가 버스는 만원이고 탑승자가 너무 많아서 악취가 진동했다. 남편과 최 목사님, 마셀렐라 전도사님은 여러 교회를 다니며 무리한 집회 일정을 소화하느라 엄청난 대가를 치러야 했다. 교통, 잠자리, 식사 문제도 어려웠다.

하루는 수도인 마푸토에서 버스로 8시간 거리인 마시시 지방 가까운 곳에 버스를 타고 갔다. 세 사람 모두 지쳐서 버스에서 잠이 들었는데 얼마나 지났을까, 갑자기 버스가 멈추더니 칼과 몽둥이를 든 강도 여러 명이 들이닥쳤다. 반란군이 소년들을 잡아다 정부군에 대항하기 위하여 훈련한 소년병 같았는데 그들의 눈에는 살기가 가득했다. 철모르는 아이들은 민간인들도 무자비하게 살해한다는 소문이 있었다.

자다가 깬 최 목사님은 놀란 표정으로 물으셨다.

"이게 무슨 일인가?"

"강도들인데 돈을 원합니다."

"김 선교사, 가지고 있는 돈 다 줘."

"강도들에게 다 주면 돌아올 버스비가 없습니다."

남편은 위험을 무릅쓰고 가지고 있던 돈의 반은 주머니 안으로 밀어 넣어 감추고, 나머지 반만 강도들에게 주었다. 강도들은 돈을 받더니 순식간에 울창한 숲속으로 사라졌다.

선교는 열정만으로 되는 것이 아니고 지혜가 필요하다. 우리는 지금도 그때 모잠비크와 말라위에서 열흘 넘게 최 목사님을 모시고 다니면서 무리한 일정으로 설교하시게 한 것을 너무나 죄송스럽게 생각한다. 만일 연로하신 최 목사님이 쓰러지기라도 하셨다면…. 지금 생각해도 아찔하다.

최 목사님은 모든 집회를 마치고 에스와티니로 돌아와 사모님에게 "나는 지옥에 다녀왔다"라고 말씀하셨다는데, 나 또한 이분들이 참으로 그렇게 고생스러운 선교를 하고 돌아오셨다고 생각한다. 그럼에도 최 목사님은 그 후로도 중남부 아프리카 한인선교사 1, 2차 선교대회에 주 강사로 오셔서 말씀을 전해주시며 중남부 아프리카 한인선교사회를 창립하는 데 큰 도움을 주셨다.

한국중앙교회가 지금의 교회로 건축하느라 재정이 어려워지자 장로님들 몇 분이 건축이 완공될 때까지 모든 선교를 중단하자고 했는데, 최 목사님은 "교회의 존립 목적이 선교인데 선교 후원을 중단하기보다 건축을 중단하자"라고 장로님들을 설득하셨다. 힘든 시기에도 선교비만큼은 중단하지 않은 그의 충성됨에 하나님은 크고 아름다운 교회를 지어주셨다.

현대판 사도 바울, 벤토 전도자

1989년부터 모잠비크 북부 이슬람교도를 상대로 선교를 시작했다. 특히 1990년 3월부터 6월 초까지는 매월 남풀라를 방문하여 집회를 인도했다. 수도인 마푸토에서 비행기로 약 2시간 10분 거리인 남풀라는 오랜 전쟁으로 폐허가 되어 있었다.

모잠비크 북부지역인 남풀라에 거주하는 마쿠아 부족은 95퍼센트가 모슬렘이었다. 그들은 귀신에게 제사 지내고, 경제적 능력이 있으면 아내를 여러 명 거느린다. 1990년경에 기독교가 들어와 일부다처제와 이혼을 문제 삼자 모슬렘은 크리스천들을 거세게 핍박했다.

1990년 3월 우리가 그곳을 방문할 때 한 형제가 경고했다.

"선교사님, 성령충만하지 않으면 아예 남풀라 방문을 하지 마십시오. 모슬렘 무당들의 행패가 극심해서 원주민을 살해하기도 하는데 외지인 방문도 몹시 꺼리는 지역입니다."

모슬렘의 강력한 저항으로 크리스천들이 적극적인 복음 활동을 하지 못하기 때문인지 남풀라에는 교회 숫자가 적을 뿐 아니라 교인 수도 얼마 되지 않았다. 더욱이 교회 간에 서로 협조가 원활하지 않아서 문제도 많았다.

우리는 우상 숭배가 진을 친 이 땅을 위해 하나님께 간구했다. 하나님이 허락하신다면 신학교를 세워 주의 종을 양성하고 기도와 물질을 지원하여 모슬렘 지역에 전도자로 파송하는 비전을 품고 기도했다.

그리고 마침내 수도 마푸토에서 사역하던 사비우어(Saviour) 전도사를 남풀라에 파송하여 교회를 개척했다. 수도에서 비행기로 2시간 넘게 가야 하는 거리여서 멀기도 하고 경비도 부담되어 더는 사역을 진행할 수 없게 되자 사비우어 전도사와 벤토(Bento)라는 형제에게 사역을 일임했다.

1년 후, 사비우어 전도사 부부는 너무 힘들어서인지 남풀라를 떠났고, 남풀라 출신인 벤토 형제가 교회를 맡았다. 그리고 15년이 지났다. 우리는 이 척박한 모슬렘 지역에 개척한 교회와 그를 까맣게 잊고 지냈는데 어느 날 임마누엘 신학교 출신의 한 목사님이 우리에게 물었다.

"남풀라에서 목회자 세미나를 하는데 한 목회자를 만났습니다. 그는 15년 전 김종양 선교사님이 개척한 교회를 맡아서 사역하다가 그 후 20여 곳에 교회를 개척하여 섬기고 있다는데, 혹시 벤토라는 청년을 기억하세요?"

그 목사님은 벤토 전도자가 개척한 교회를 순회하고 돌아왔다며, 그를 재정적으로 지원하자고 제안했다. 그달부터 우리는 바로 그를 지원하기 시작했다. 그는 15년 동안 재정적인 지원도 받지 못하고 정신적, 육체적, 물질적으로 어려운 가운데서도 모슬렘 지역에서 20여 곳의 교회를 개척했다.

현대판 사도 바울과 같은 그를 얼마 전 남아공으로 초청하여 만나 보니 이미 40대의 중후한 사역자가 되었다. 청년의 모습은 아니었지만, 그의 눈빛은 여전히 복음을 위한 열정으로 빛나고 있었다.

"현재 남풀라 지역과 여러 지방에 교회 35개를 개척하여 섬기고 있는데, 사역 범위가 넓어져서 오토바이 한 대만 있으면 좋겠습니다."

그의 말에 우리는 오토바이를 즉시 보낼 테니 힘을 내달라고 전했고, 그는 너무나 기뻐하면서 최선을 다해 복음을 전파하겠다고 말했다.

에스와티니 기독의대의 설립 계기

2019년 5월 30일, 에스와티니 최대 일간지인 '타임즈 오브 스와질랜드'(Times of Swaziland)의 티메오티 시멜라니(Timeothy Simelane) 기자가 인터뷰를 요청해왔다.

그는 남편에게 아프리카에서 어떤 선교를 하고 있는지, 에스와티니에 어떻게 오게 되었는지 등을 질문했다. 사역에 관한 답변 중 지금 '에스와티니 기독의과대학교(EMCU) 설립'에 가장 집중하고 있다고 했더니 어떤 이유로 의과대학 설립에 그런 열정을 갖게 되었는지를 물었다.

"2002년 언젠가 집에 4인조 권총 강도가 들어와서 우리 부부를 권총과 돌로 무자비하게 폭행하고 현금을 모두 빼앗아 도망갔습니다. 우리는 날이 새기를 기다렸다가 급히 국립병원으로 갔지요. 아내는 가는 내내 피를 흘렸는데, 병원에 도착해보니 의사가 없었어요. 몇 시간이나 기다린 끝에 의사가 도착했습니다. 그는 상처를 치료하면서 이 병원에는 의약품도 의사도 충분치 않다고 했습니다.

얼마 후 우리는 전직 대사였던 조기성 총재님이 설립한 평화의료재단의 후원으로, 음바바네에서 1시간 30분 정도 걸리는 은고와네(Ngowane) 지역에 병원을 건축했어요. 조 총재님이 병원 개원식 참석차 에스와티니에 오셔서 2주간 우리와 함께 체류하셨는데, 병원에 환자들이 몰려오는데 의사 없이 간호사만 분주히 움직이는 것을 보고 왜 의사가 없냐고 물으셨지요.

우리는 에스와티니에 의사를 배출할 의과대학이 없어서 지방의 작은 병원에서는 간호사들이 환자를 치료하고 있으며, 인구의 40퍼센트가 에이즈에 감염된 상태라고 설명했습니다.

그러자 총재님이 평화의료재단과 아프리카 대륙선교회가 힘을 합하여 10억 정도 모으면 의과대학을 세울 수 있다며 의과대학 설립을 적극 제안하셨어요. 나는 하나님의 뜻을 알기 위해 기도하는 중에 이 일을 주님이 기뻐하시고 원하신다는 것을 느꼈습니다.

예수님이 이 땅에 오셔서 하신 사역은 크게 세 가지입니다. 첫째, 복음을 전파하시어 죄인들을 구원하신 것. 둘째, 하나님 말씀을 가르치신 것. 셋째, 병자를 치료하신 것이지요.

예수님의 사역을 본받아 선배 선교사들도 가는 곳마다 교회를 설립하여 복음을 전하고, 학교를 세워 진리를 가르치고, 병원을 설립하여 환자를 치료하며 인류를 변화시켰습니다. 그들이 일구어 놓은 선교 현장을 보며 도전을 얻었습니다.

에이즈로 치료도 제대로 못 받고 짧은 인생을 마감하는 에스와티니 형제자매에게 선한 사마리아인이 되고자 의과대학 설립에 박차를 가했습니다. 제 열정은 여기서 시작되었습니다."

다음 날 기자는 신문에 "큰 열정을 가지고 한국에서 온 선교

사"(From Korea with a big heart)라는 제목의 기사를 써서 우리의
사역을 소개했다. 그동안 의과대학을 설립하는 과정 중에 받은
마음의 상처가 다 씻기는 것만 같았다.

"큰 열정을 가지고 한국에서 온 한국인 선교사"
신문에 실린 선교사역 기사, 2019

설립 비전의 나눔과 개미군단

우리는 에스와티니에 기독의과대학교를 설립하여 의학과, 약학과, 간호학과, 임상병리학과, 방사선과, 컴퓨터공학과, 심리학과, 사회복지과를 두고 현지인들과 중남부 아프리카의 젊은 이들을 의사, 간호사, 약사, 컴퓨터 엔지니어 등 전문인 선교사로 양성하여 아프리카 전역에 매년 100명씩 파송하는 큰 꿈을 꾸었다.

이렇게 파송된 전문인 선교사는 선교지의 재정을 본인이 감당하면서 복음 전파 사역을 펼쳐갈 수 있을 것이다. 에스와티니 사람들은 대부분 영어를 잘하고 점잖고 문화와 피부색이 같아서 좋은 선교사들이 될 것 같았다.

그래서 우리는 미래의 실무 의료진과 전문가들이 전문성뿐만 아니라 진실과 정직, 성실함과 믿음으로 이웃을 섬길 수 있도록 양육하기 위해 그들에게 성경과 기독교 세계관을 가르치고, 전교생이 매주 예배를 드림으로 하나님을 경외하게 하는 꿈을 품었다. 조기성 총재님과 우리는 큰 기대와 희망을 품고 의과대학을 설립하기로 합의했다.

그런데 한국으로 귀국한 총재님이 예상했던 것보다 돈이 훨씬 더 많이 들어갈 것 같다며 의대 설립을 재고해야겠다고 했다. 우리는 의대 설립을 위한 꿈과 믿음과 열정은 있었지만 재정적 준비가 안 된 상황이었고, 교수나 의사가 아닌 평범한 선교사여서 무엇을 어디서부터 어떻게 시작해야 할지 몰랐다. 그저 병원에 의사가 없어서 제대로 치료받지 못하고 힘없이 죽어가는 환자들만 눈에 밟혀 쉬지 않고 기도했다.

그러던 중 중남부 아프리카 한인선교사대회에 강사로 오신 최복규 목사님(한국중앙교회)과 함께 참석한 안수집사 윤춘경 교수님(건국대학교 생명공학박사)이 선교대회를 마치고 에스와티니에 와서 함께 머물렀다.

두 분은 남아공의 신학교, 모잠비크의 대조제일기독초등학교와 소망기독중고등학교, 그리고 에스와티니의 사임기독중고등학교를 돌아본 후에 그들이 젊을 때부터 꿈꾼 교육선교 사업이 아프리카에서 이루어지고 있음에 감동받았다고 했다.

그때 성령께서 남편에게 '기독의과대학교 설립에 관한 네 비전을 네 앞에 있는 이들에게 나누라'라는 마음을 주셨다. 우리가 두 분에게 그 마음을 전하고 대학교 설립에 동참해달라고 했더니, 그들은 즉시 함께하고 싶다고 했다.

우리는 수년 동안 남아공의 임마누엘 신학교를 운영하면서 재정적인 문제로 늘 긴장해왔고, 앞으로 교육 및 의료선교는 정부와 협력해야겠다고 생각했다. 그때의 힘들고 어려운 경험을 토대로, 그 후로는 학교들을 설립할 때 정부가 건축부지와 운영비를 지원하고, 운영은 복음 전파를 위해서 선교회가 주체가 되고, 건물은 우리가 담당하는 것으로 해왔다.

윤 교수님에게 우리의 뜻을 전하고 즉시 에스와티니 교육부 장관에게 의과대학교 설립 취지와 제안서를 보냈다. 일주일 후 교육부는 차관을 통해 우리의 제안에 100퍼센트 동의한다는 답변을 보내왔고, 우리는 정부의 의대 설립 허가서를 받았다.

마침내 2007년, 한국에서 선교 비전을 품고 의과대학교 설립을 지원하고 운영할 후원재단을 찾아서 재단법인을 등록하고 이사장과 이사들을 임명했다. 그리고 300여 명의 기독교인과 목회자, 교수, 의사, 실업인들을 초청하여 건국대학교 새천년회관에서 설명회를 성황리에 마쳤다.

윤춘경 교수님이 사용하던 연구실을 재단 사무실로 정하고 사단법인 허가를 받은 후 몇 교회를 선정하여 매월 기도회를 열면서 대학교 설립을 진행했다. 그러던 중 생각지도 못한 문제가 발생했다. 한국의 재단 이사들과 선교를 후원하던 분들 간에 이견이 생겨 협력할 수 없는 상황이 되었다.

어떤 이들이 의대를 기독대학에서 분리해 나가서 선교회의 영향력을 배제하고 자신들이 운영하려 했다. 스와질랜드 정부 인사, 국회의장 등을 한국에 초청하여 남편과 선교회를 모함하고, 음해성 투서와 민원으로 정부의 조사를 받게 하는 등 갖은 방법으로 공격했다. 정말 말로 다 할 수 없이 너무도 어렵고 힘든 시간이었다.

이 문제를 놓고 기도하던 중 하나님께서는 재정적으로 연약한 후원자들을 초청하여 공동설립자의 개념으로 한 사람이 1만 원씩 후원하는 개미군단을 조직하여 대학교를 설립하라는 마음을 주셨다. 그래서 건국대학교 새천년회관에 참석한 이들에게 "매월 1만 원씩 후원하여 에스와티니 기독의과대학교의 공동설립자가 되어주십시오"라고 호소했다. 그 결과는 놀라웠다. 불과 몇 개월 만에 2천여 명의 성도들이 후원자로 등록하는 기적이 일어났다.

에스와티니 기독의과대학교 설립을 위하여 2천여 명의 공동설립자들이 1만 원씩 후원하고, 교회와 개인 동역자들이 2500만 원씩을 헌금하여 강의실 한 칸씩을 건축했다. 또한 5천만 원을 들여서 실험실을 건축하는 교회들도 있었다. 이들의 헌신으로 10개의 실험실과 20여 개의 강의실을 짓고 대학교를 설립했다.

우리는 건축한 교회와 학교에 후원한 교회의 이름을 붙여 이름을 짓고, 후원자의 이름은 명패에 새겨서 건물 안쪽 벽이나 교실과 강의실 문 옆에 부착하여 귀한 섬김의 흔적을 주님 오시는 날까지 영구적으로 보존하려 하고 있다. 그래서 우리는 떠나더라도, 이곳에 오는 모든 이들이 하나님께서 우리와 이들 교회를 사용하셨다는 것과 많은 사람이 합력하여 이 일들을 이루었다는 것을 보게 될 것이다.

기독의과대학교 설립의 발걸음

2009년 6월, 에스와티니 기독의과대학교 설립 국제선교대회가 에스와티니 에줄위니 호텔에서 열렸다. 첫날 개회식에는 120여 명의 대학 공동설립자들(세계간호기독재단 이송희 이사장, 성영희 회장, 간호분과 준비위원장 황옥남 교수, 이영근 목사님 내외분, 독일에서 김근철 목사님 내외분, 유재형 장로님, 조항만 장로님 등)을 비롯해 세계 6개국에서 350여 명이 참석했으며 사흘 동안 집회와 세미나가 열렸다.

선교대회를 시작하기 전까지 대학의 부지 문제가 해결되지 않아서 에스와티니 정부 관계자의 참석이 불투명한 가운데 긴장된 마음으로 새벽마다 무릎을 꿇고 하나님께 매달렸는데 하나님께서 들으시고 도와주셨다.

왕에게 가장 총애받는 한 왕비의 보냄을 받은 상원의원이 왕실과 정부를 대표하여 이 국제선교대회에 참석해서 손님들을 환영했다. 왕의 누님으로 왕족 중에 높은 지위에 있는 토비(Thobi) 공주와 국회의원들, 전 문교부 장관, 보사부와 문교부에서 파견한 대표들도 대거 참석했다.

'에스와티니 기독의과대학교 국제선교대회'는 언론과 방송에 크게 보도되었으며, 에스와티니 최대 일간지는 신문 전면 두 페이지를 할애하여 이 대회를 특집기사로 다루었다.

우리가 알거니와 하나님을 사랑하는 자 곧 그 뜻대로 부르심
을 입은 자들에게는 모든 것이 합력하여 선을 이루느니라 롬 8:28

의과대학이 없는 에스와티니에서 아무 경험이 없는 선교사가
의과대학을 설립하는 것은 일반 대학을 설립하는 것보다 몇 배
나 더 힘들고 어려웠다.

처음에 정부와 의대 설립 협약을 맺기로는 정부가 대학부지와
운영비를 제공하고 선교회가 건물을 건축하여 대학교를 운영하
기로 했는데, 얼마 후 에스와티니 정부가 설립 계약서에서 운영비
지원에 관한 부분을 삭제했다. 정부의 지원을 받지 못하고 의과
대학을 운영하는 것은 너무도 힘든 일이다.

그래서 남편은 국회의원과 신문기자들을 초청해 에스와티니
정부에 의과대학 설립 지원비 촉구를 위한 설명회를 개최했다. 설
명회 다음날, 언론사에서는 기독의과대학 설립의 중요성을 보도
했고, 국회에서는 교육부 장관을 불러 운영비 지원 문구를 다시
삽입해 재협약하라고 지시했으며 이를 이행하지 않으면 2013년
교육부 예산을 통과시키지 않겠다고 압력을 넣었다.

마침내 정부에서 협약서에 '앞으로 5년간 매년 운영비와 장학
금을 기독의과대학교에 지원하며 5개의 국립병원을 의대 실습병
원으로 사용하겠다'라는 내용을 포함시켰다. 그래서 에스와티
니 정부가 대학부지 75헥타르(약 23만 평)를 무상 공급할 뿐 아

니라 교직원 급여 전액, 의과대학 및 병원의 기자재 40퍼센트를 제공하게 된다. 그런 과정이 우리도 힘들었지만, 정부도 최초로 설립하는 의과대학에 관한 무지로 수년 동안 마음고생을 했을 것이다.

앞서 설명했듯이, 에스와티니 기독의과대학의 보건과학 분야는 2013년부터 개강해 이미 4회에 걸쳐 878명의 졸업생을 배출하였고 상당수의 간호·방사선·임상병리·약학과 졸업생들이 국립·사립병원에 취업되어 일하고 있다.

에스와티니 기독의과대학교 설립 발표회 후 국왕 음스와티 3세와 함께

의학 분야는 당초 2020년 9월에 개강하는 것이 목표였다. 2021년 3월에는 에스와티니 보건복지부에서 파견한 의사와 의사협회에서 추천한 의사를 포함한 의대 개설 Task Team이 의대 커리큘럼을 검토하고 건물과 실험실들을 본 후 만장일치로 의대생을 모집해도 좋다는 평가를 내렸다.

특히 350페이지의 의대 커리큘럼은 조성일 교수님(전 건국대학교 의대교수)과 박재형 교수님(전 서울대학교 의대교수. EMCU 부총장으로 의대 설립과 학생 모집에 관한 모든 일을 맡아 헌신하고 있다)이 만들고 미국대학교에서 커리큘럼에 관한 논문으로 박사학위를 받은 I. T. Zwane 에스와티니 기독의대 부총장 대리가 담당하였는데 의대교수 전문위원들에게 높은 평가를 받았다.

의대 개설 Task Team의 추천서로 의사협회에서도 우리 대학의 의대 교과과정을 허가한다는 답변을 받았으며, 이 허가서를 동봉하여 교육부에 의대생 모집 허가 신청을 한 바 있다. 그러나 코비드19(COVID-19)로 전국봉쇄령이 내려져 정부의 모든 기관 업무가 다 멈춰 서서 아직 정부 승인을 기다리고 있으며, 2022년 5월에 의학과 학생을 모집할 예정인데 정말 많은 기도가 필요하다.

에스와티니 기독의과대학교는 이미 한국의 한동대학교, 백석대학교, 충남대학교, 조선대학교, 전북대학교 그리고 미국의 워싱턴주립대학교, 탄자니아의 국립대학교, 남아공의 비트대학교와 MOU를 맺었다. 보잘것없고 상대도 안 되는 신생(新生) 대학을 이렇게 많은 대학이 도와주는 것은 정말 드문 일이다. 그런데 이 조그만 대학을 하나님께서 긍휼히 여겨주시니까 그들도 긍휼한 마음을 품고 우리를 도와주려고 한다. 정말 하나님의 은혜다.

바울 사도나 다른 제자들도 체험했듯이, 하나님의 뜻을 이루어드리기 위하여 십자가에 달려 돌아가신 후 부활 승천하신 예수님을 전하는 사역은 순탄하지는 않다. 하지만 성령님의 도우심으로 능히 이길 수 있음을 경험하며 그 믿음을 날마다, 그리고 더욱 붙들게 된다.

사망의 음침한 골짜기를 지나다

사단은 선교 초기부터 우리의 선교사역을 무력화하기 위해 극심한 가난과 말라리아, 황달, 폐결핵, 심장병과 여러 번의 교통사고, 도둑과 강도 사건 등으로 방해했지만, 하나님께서 그때마다 오른팔로 붙드시고 보호하시며 축복하셨다. 그중에는 비교적 최근인 2020년 8월, 우리 부부가 '신종 코로나바이러스'에 감염되어 죽음의 고비를 넘은 일도 있다.

교회 청년 6명과 긍휼선교회를 조직해 6월부터 에스와티니 전국을 돌며 3천여 가정에 식량과 마스크를 전달하고 8월 중순 쯤 돌아왔는데 도착한 후에 고열과 호흡곤란 증상이 나타나 코비드19 검사를 받았더니 결과가 양성으로 나왔다. 확진 판정 후 당장 입원할 병원이 없어서 의료원에서 준 약을 먹으며 선교관에서 자택 격리를 했으나 차도가 없었다.

13년 전 심장 수술을 한 남편은 밤이 되면 숨을 쉴 수가 없다며 힘들어했고, 병원 응급실에 가도 혈압을 재고 진통제를 복용하라고 할 뿐이었다. 선교관으로 돌아와 잠시 정신을 잃은 남편 옆에서 나는 당신을 지켜주지 못해 미안하다며 흐느껴 울었다. 식량을 나누러 시골로 다니며 설교할 때 통역하는 현지인과 너무 가까이 있지 말고 대접하는 음식도 되도록 먹지 말라고 말렸지만 남편은 목사 입장에 그럴 수도 없어 말을 안 들었는데 결국 감염되어 고통스러워 하는 모습을 보니 더 강하게 막지 못한 것이 후회스럽고 마음이 괴로웠다.

깨어난 남편은 아내가 자기 때문에 아프리카에 왔고 자기를 통해 코로나바이러스에 감염되어 함께 고통 가운데 있는데도 지켜주지 못해 미안하다고 우는 모습을 보니 애처롭고 미안해서 내 손을 잡고 눈물 흘리며 미안하다고 했다.

그러다 하나님의 은혜와 동역자들의 기도로 선교관에서 두 시간 거리 떨어진 루봄보 병원에 입원할 수 있었다. 에스와티니 기독의대의 카바씨 이사장이 팔을 걷어붙이고 나서준 덕분이었다. 루봄보 병원은 왕실 가족과 정부 고위 관리, 위중증 환자 등을 대상으로 한 코비드19 전문병원이었으나 의료환경이 열악하기는 마찬가지였다. 너무 춥고 마치 포로수용소와도 같았으며 음식도 입에 맞지 않아 어려움을 겪었다.

당시 남편은 밤마다 죽은 사람들이 나타나 우리 집에 가자, 내일 만나자 하면서 자꾸만 따라다니는 악몽에 시달리곤 했다. 그래서 잠에서 깨면 "악한 귀신아, 물러가라! 나는 하나님의 종이다, 예수님이 내 안에 계시고 나는 예수님 안에 있다"라고 외치며 병원복도를 돌아다녔는데, 그렇게 2시간을 기도하고 나니 처음으로 잠을 깊이 잘 수가 있었다고 한다.

발병으로 심장 통증까지 왔던 남편은 입원 며칠 동안 의사들의 집중 치료로 차츰 좋아졌지만, 나는 상태가 점점 나빠져 고열과 기침, 통증이 심해지고 여러 번 혼수상태에 빠졌다. 남편은 자신도 환자였지만 며칠 동안 밤에 잠도 제대로 못 자면서 내 곁에 머물러 나를 돌보았다. 병실에서는 내 손을 붙잡고, 병실 밖에서는 긴 병원 복도를 수십 번 오가며 밤새도록 간절히 기도했다.

"제가 폐병과 말라리아로 병들었을 때 제 곁에서 밤새 간호했고, 권총 강도의 침입을 받았을 때 가족을 지킨다고 돌로 머리를 맞아서 피를 흘리면서도 의연하게 곁에 있었고, 제가 심장 수술을 받고 한국에서 4개월 동안 투병 생활을 할 때도 제 곁에서 저를 지켰던 아내인데 지금 생명의 위협을 받고 있습니다. 이 사람 없이 저 혼자서는 사역 못 합니다. 제발 살려주세요."

내가 혼수상태로 가장 위험했던 날 밤 10시경에 우리를 위해 계속 기도해주신 어떤 목사님이 남편에게 전화하여 하나님이 보여주신 것을 전해주셨다고 한다.

"지금 마귀가 사모님을 데려가려 해서 사망의 음침한 골짜기를 지나가는데 하나님이 그곳을 함께 지나가시니 염려하지 마세요."

그리고 30분쯤 지났을까. 또 다른 목사님이 전화를 하셨는데 같은 말씀을 하셨다. 마귀가 사모를 공략해서 사망의 음침한 골짜기를 지나는데, 자기가 보니까 그곳을 지나게 되니 염려하지 말라고. 그날 밤 의사들이 달려오고 정말 위험했지만 나는 그분들의 말대로 위기를 넘길 수 있었다.

며칠 후 우리 치료를 담당하는 의사가 남편에게 "지금 사용하는 약이 당신에게는 효과가 있지만 당신 부인에게는 전혀 효과가 없어서 다른 약을 써야 하는데 현재 이 병원에는 그 약이 없습니다. 다른 도시의 약국에 혹시 있을지 모르겠으니 속히 구해보십시오. 서두르지 않으면 위험합니다"라고 말했다.

남편은 기도하며 한국과 미국, 그리고 에스와티니에 약을 구할 수 있는 길을 모색했는데 드디어 기도의 응답이 왔다. 민병준 박사님이 병원에서 약 2시간 거리의 약국에 그 약이 있다는 소식을 전해온 것이다. 이에, 만지니 시에서 병원을 하고 있는 디제네 (Dejene)라는 에티오피아인 의사가 약을 구입하고, 우리가 아들처럼 키운 원주민 은델라(Ndela) 목사가 직접 배달까지 해주어서 주사로 약을 투여할 수 있었다. 그후 조금씩 차도가 생겨 퇴원하고 집 근처 클리닉에 다니며 치료를 한 끝에 이 '사망의 음침한 골짜기'를 통과할 수 있었다.

코비드19는 육체적으로뿐만 아니라 정신적, 영적으로도 스트레스를 주는 병이었다. 무엇보다 사람을 만날 수 없어 고독했다. 병원 경비원들은 환자들이 병동에서 한 발짝도 못 나가게 하고 외부인과 자동차의 출입도 막았다. 외부에서 온 물건은 경비원을 거쳐 간호사가 소독약을 뿌리고 조사한 후에야 환자에게 전달했다. 의료진과 배식원, 청소원 모두 눈만 내놓은 채 머리부터 발끝까지 방역복으로 감쌌고, 따뜻한 대화와 진료라는 것은 기대도 할 수 없었다.

환자인 우리는 우리대로 고열과 기침으로 밤에 잠을 잘 수도 없었고, 약이 없어서 제대로 치료받을 수 있을지 불안감이 떠나지 않았다. 약 한 달간 그렇게 힘들고 위험한 순간을 보내며 우리 부부는 가족과 부부간의 소중함을 새삼 다시 느꼈고, 하나님의 은혜와 동역자들의 중보와 사랑에 깊이 감사했다.

이 시간은 소명을 확인하는 시간이자 새로운 사명으로 연결되는 시간이기도 했다. 먼저는 병원 곳곳에서 약사, 임상병리사, 방사선사 등으로 일하고 있는 우리 기독의대 졸업생을 만나 인사를 받으며 얼마나 기쁘고 보람을 느꼈는지 모른다. 의학과가 시작되어 의사가 나오는 것도 꼭 봐야겠다는 생각이 들었고, 에스와티니에 기독의대를 통해 좋은 의사와 간호사가 배출되어 제대로 된 의료서비스를 제공하게 되기를 소원하는 마음이 더욱 절실해졌다.

우리는 아직 할 일이 남아 있어서인지 하나님께서 회복시키시어 다시 사역의 현장으로 보내주셨지만, 코비드19로 동역자 선교사님, EMCU의 임직원 등 여러 지인을 잃어서 안타깝고 마음이 허전하여 힘든 시간을 보냈다.

죽음은 늘 우리 눈앞에 있다. 그러나 그와 함께 잊지 말고 꼭 기억할 것은 하나님께서 늘 우리 곁에 계신다는 사실이다. 이 투병의 시간은 힘겨웠지만, 코비드19라는 사망의 음침한 골짜기를 건너게 하신 하나님께서 또 어떤 여정을 걷게 하실지 다시 한번 기대와 소망을 품어본다.

큰 고난 뒤에 큰 것을 주시는 하나님

고난 당한 것이 내게 유익이라 이로 말미암아 내가 주의 율례들을 배우게 되었나이다 시 119:71

말라위에 온 후 많은 어려움 속에서 이 말씀을 만났다. 정말 그렇다. 그냥 오는 고난은 없다. 고난은 나를 연단하고 성숙시키며, 고난 후에는 더 큰 은혜가 있다. 1987년, 내가 말라위에서 황달과 말라리아로 죽음의 골짜기를 지나고 거듭난 그때도 그랬고, 2007년에 기독의대를 준비할 때 남편의 심장 수술도, 그리고 모잠비크 종합대학을 준비할 때 우리의 코비드19도 그랬다. 하나님께서는 큰일을 하려고 하실 때마다 고난을 통하여 우리를 기도로 준비시키고 동역자들의 마음을 하나로 모으신 후에 넘치는 은혜를 주셨다.

하나님은 우리 연약한 것을 강하게 하시려고 고난을 사용하기도 하시는 것 같다. 갑작스런 심장 수술을 선고받았을 때 남편이 처음에는 눈물을 흘렸다. 그러나 수술을 앞두고 성령님이 그의 안에 임하시자 두렵지 않고 황홀한 기쁨을 느꼈으며, 예수 그리스도와 관계를 가지면 두려움 없이 가장 행복하게 갈 수 있다는 것을 그때 깨달았다고 나중에 고백했다.

수술 후에는 새로운 심장을 얻었다. "난 할 수 있어"라는 자신감도 생겼고, 전에는 운동도 잘 안 나갔는데 수술 이후로는 혼자 나가서 운동도 잘하고 온다. 나도 황달과 말라리아 이후로 지금까지 감기도 잘 안 걸리고 건강하게 지내왔다.

그리고 이번 코비드19를 계기로 모잠비크 기독대학교 설립을 위한 동역자가 놀랍게 연결되는 일이 있었다. 그 이야기는 다음 장에서 나누겠다.

에스와티니 기독의과대학교(EMCU)

시내에 있는 기독의대(EMCU) 건물
실험실과 강의실이 있다.

6장
전부를 드리는 삶

네 음식을 나누라

2004년 5월, 이시드라교회의 부목사님이 말했다.

"우리 이시드라교회의 한 성도가 천막을 치고 70여 명의 고아를 돌보고 있습니다. 오후에는 문맹자들도 초대하여 글을 가르치는데, 이 일을 도와주십시오."

우리는 그 성도를 만나러 현장에 찾아갔다. 한쪽에서는 약 50여 명의 에이즈 고아들이 공부하고 있고, 다른 한쪽에서는 조금 큰 어린이들이 마른나무를 주워다가 부지런히 음식을 끓이고 있었다.

그 성도에게 "당신은 참으로 하나님 앞에서 좋은 일을 하고 계시는군요"라고 말하니 그는 수줍은 표정으로 고마움을 표했다.

"고아들을 먹이는 일에 기도 부탁드립니다."

다녀오는 길에 그 성도의 표정과 고아들의 모습이 자꾸만 떠오르더니 저 아이들을 도와야겠다는 생각에 마음이 뜨거워져서 하나님께 기도했다.

'주님, 이곳에 조지 뮬러와 같은 주님의 종을 세우셔서 저 고아들을 도와주세요. 우리는 여섯 나라에 교회 개척, 건축, 신학교, 농장, 기도원, 초중고등학교를 설립하시는 하나님의 일에 도구가 되었습니다. 남아공의 임마누엘 신학교로부터 학생들의 교과서 구매비 약 4,500달러와 시험 대금 약 2,500달러를 지원해달라는 요청을 받았지만, 아직 이 문제를 해결하지 못한 상태입니다. 교회 안에도 도움을 호소하는 과부 교인 10여 명과 학비를 지원해달라는 부모 없는 학생들이 많습니다. 어떤 방법으로 저들을 도울 수 있습니까?'

그러자 마음속에 감동으로 선명한 음성이 들렸다.

'네가 먹는 음식을 나누라.'

다음날 우리는 고아 사역을 하는 그 성도에게 말했다.

"아이들을 하루 두 끼씩 먹이는 한 달 비용으로 얼마가 필요한지 자세히 적어주세요."

그는 약 350달러가 필요하다며 식품 종류와 가격 등을 상세하게 적어서 가져왔다. 그때부터 고아를 돕는 일이 하나님이 원하시는 일이라면 재정을 부어달라고 새벽마다 기도했다.

6개월 후 선교 보고를 통해 선한 사마리아인들이 나타났다. 먼저, 수유리 성실교회의 구근철 장로님이 건축비를 후원하여 고아 학교가 세워졌고, 우리의 생활비를 나누어 아이들을 먹였지만 항상 부족했는데 몇 년 후 사업가인 권태형 집사님(팜캐드 대표)이 이 소식을 듣고 고아들을 먹이고 입히고 공부시키는 일들을 담당해주셨다. 그들의 헌신으로 30명의 고아들에게 두 끼를 제공하며 유치원과 초등학교 1학년 과정을 가르치고 있다.

에스와티니 성실 고아 학교

"내 영혼이 은총 입어 중한 죄 짐 벗고 보니

슬픔 많은 이 세상도 천국으로 화하도다"

어느 날, 새벽기도를 인도하던 한 집사님이 찬송가 495장을
부르는데 갑자기 내 눈시울이 뜨거워졌다.

모세가 이스라엘 백성들을 약속의 땅으로 인도해낼 때, 그는
하나님께 말씀드렸다.

"내가 참으로 주의 목전에 은총을 입었사오면 원하건대 주의
길을 내게 보이사 내게 주를 알리시고 나로 주의 목전에 은총을
입게 하시며 이 족속을 주의 백성으로 여기소서."

그러자 하나님은 모세에게 "내가 친히 가리라. 내가 너를 쉬게
하리라"라고 말씀하셨다. 모세가 다시 주께 고했다.

"주께서 친히 가지 아니하시려거든 우리를 이곳에서 올려보내
지 마옵소서."

모세와 하나님의 대화(출 33:13-15)를 묵상하며, 하나님의 종
모세의 강직하고 충성스러운 모습을 보았다. 그는 자기가 인솔
하는 이스라엘 민족을 주의 백성으로 인정하고, 하나님께서 동
행해달라며 은총을 간구했다. 그런 모세에게 친히 함께하신다고
말씀하시는 하나님을 생각하면서 은총의 의미를 다시 한번 새롭
게 깨달았다.

우리의 모든 아프리카 원주민선교는 하나님께서 인정하시고
동행하시는 특별한 은총을 입었음을 확신했다. 우리가 하는 이

일은 하나님을 알지 못하고 어둠의 권세 아래 방황하는 원주민들에게 예수 그리스도를 전하고 천국 시민권을 얻게 하여 천국으로 향하는 순례자의 반열에 세우는 하나님의 일이었다. 우리도 모세처럼 기도가 터져 나왔다.

"하나님, 우리에게 은총을 베푸시어 우리와 동행하셔서 아프리카 선교를 통하여 슬프고 병든 심령들을 치료하여주소서. 구원받은 원주민 성도들이 저 고아원 집사님처럼 '슬픔 많은 이 세상도 천국으로 화하도다'라는 찬양을 주님께 올려드리길 원합니다."

그즈음 가자 지역에서 한 목사님이 37명의 고아를 도와달라는 긴급 구제 요청을 해왔다.

"올해 초부터 부모를 잃고 거리를 방황하는 고아 76명에게 날마다 한 끼와 잠자리를 제공했는데, 최근 가뭄으로 아이들에게 먹일 한 끼의 옥수숫가루를 마련하는 것조차 무척 힘들어졌습니다. 고아 중 상당수가 영양실조로 죽었고, 먹을 것을 찾아 떠나서 현재 37명만 남았습니다. 남은 아이들을 살릴 수 있도록 최소한의 식량만이라도 도와주시기 바랍니다."

모잠비크의 가자 지역은 에스와티니에서 7시간 정도 떨어진 먼 거리여서 방문이 쉽지 않았지만, 목사님의 충격적인 이야기에 반응하지 않을 수 없었다.

'영혼 구원이 선교의 목표인데 죽어가는 어린 생명을 외면한다

면, 여리고 성에 강도를 만나 신음하는 사람을 보고 지나쳐버린 바리새인과 무엇이 다를까?'

우리는 고아들을 위해 적은 물질이나마 보내드렸다. 특히 영양실조로 죽어가는 어린이들에게 식품을 보내주기 위해 모금을 요청하는 선교 편지를 써서 여러 곳으로 보냈다. 후에 충북 음성에 있는 샘물교회 최현순 사모님이 중보기도팀을 만들어서 이 아이들을 후원하기 시작했고 드림스드림의 선교회에서 이곳에 고아 학교를 건축해주었다.

적은 물질이지만, 가난한 과부의 두 렙돈 헌금을 칭찬하신 예수님이 우리의 형편과 마음을 보시리라 믿는다.

또 어떤 가난한 과부가 두 렙돈 넣는 것을 보시고 이르시되 내가 참으로 너희에게 말하노니 이 가난한 과부가 다른 모든 사람보다 많이 넣었도다 눅 21:2,3

교회보다 학교를 먼저 세운 교회

대조제일기독초등학교

어느 나라, 어느 지역이든 사람들이 모여 사는 곳에는 학교와 병원, 그리고 교회가 있어야 한다. 예수님은 이 땅에 오셔서 천국 복음을 전파하고 병든 자를 치유하고 하나님의 말씀을 가르치셨다. 그래서 우리도 복음을 전하는 교회, 병든 자를 치료하는 병원, 사람들을 가르치는 학교를 짓는 것을 선교의 축으로 하여 사역하고 있다.

2000년, 아프리카 선교지에 학교를 설립하기 위해 대조제일교회의 전유성 목사님을 중심으로 김선주(전 농촌진흥공사 부사장) 장로님과 이은협(전 백석고등학교 교장) 장로님이 선교지를 방문하셨다.

그들이 그 일을 위하여 매일 기도하던 중 전유성 목사님이 모잠비크 콩골로찌 지역을 방문하셨다. 그해 모잠비크는 대홍수가 나서 여러 도시가 물에 잠기고 떠내려가 도시 자체가 없어지는 큰 재해를 당했고 이 사실이 세계의 언론에 보도되기도 하였다. 콩골로찌 지역에는 그때 삶의 터전을 잃은 수재민들이 이주해 살고 있었다.

목사님은 "수재민들로 새로 구성된 이 지역에 먼저 학교가 설립되는 게 필수 조건입니다"라고 하시며 교회에서 초등학교를 건축하기로 약속하고 귀국하셨다.

그런데 얼마 되지 않아 그 교회의 한 집사님으로부터 서울 대조제일교회 본관에 불이 나서 교회가 어려운 상황이라는 메일을 받았다. 우리는 교회를 위해 기도하면서 위로하려고 전 목사님께 전화를 드렸다. 그런데 목사님은 오히려 우리를 위로하셨다.

"김 선교사님, 우리 교회 본관이 불탔지만 염려 마십시오. 교회 건축하기 전에 우리가 약속한 초등학교를 먼저 건축할 것입니다."

우리는 학교 설립은 당연히 연기되리라 생각했고, 후원교회의 빠른 복원을 위해 기도했었다. 그런데 선교에 대한 전 목사님의 굳은 신념과 의지가 너무 놀라웠고, 우리에게 큰 위로와 도전이 되었다.

대조제일초등학교 아이들

선교사들은 후원교회로부터 두 가지 소식을 듣게 되면 염려가 앞선다. 하나는 "우리 교회를 재건축합니다"이고, 또 하나는 "담임목사님이 은퇴하시고 후임 목사님이 결정되었습니다"이다. 후원교회가 교회를 건축하거나 후임 목사님이 부임하면 70퍼센트 이상의 교회가 선교비를 줄이거나 중단한다.

그러나 대조제일교회와 전 목사님은 달랐다. 본 교회의 본당이 불에 다 탔는데도 먼저 아프리카 선교지에 초등학교를 설립하셨다(이후 교회는 아름다운 성전을 건축하여 하나님께 봉헌했다).

대조제일교회가 모잠비크 콩골로찌에 건축, 설립한 이 대조제일초등학교는 크리스천 학교로서 매일 아침이면 예배로 수업을 시작한다. 공산주의 교육을 체험한 모잠비크 정부가 기독학교를 설립하도록 허가한 것도 놀라운데, 학교에서 복음을 전하고 성경을 가르치는 것도 허용하고 교사들의 월급과 학교 부지까지 제공했다.

이 학교에서 2020년 현재 초등학교 어린이 2,400여 명이 3부제로 공부하고 있다. 아이들은 학교에 다니는 것을 자랑스럽게 여기며 즐겁게 공부하고 있지만 아직도 학교 주변에는 수백 명이나 되는 아이들이 교실 부족으로 교육을 받지 못하고 있다. 앞으로 더 많은 초등학교를 설립하여 아이들이 모잠비크의 교회, 정치, 경제를 움직이는 큰 기둥들이 되기를 소원하며, 계속하여 사랑과 기도와 물질을 투자하고자 한다.

기독소망중고등학교

교회 건축으로 20억 원의 은행 부채가 있는 의정부 소망교회 (이영근 담임목사)가 모잠비크에 중고등학교를 건축하겠다고 이덕순 사모님을 통해 선포했을 때, 우리는 놀라지 않을 수 없었다.

의정부 소망교회는 은행 부채는 이자만 갚으며, 잠비아, 모잠비크, 에스와티니, 남아공에 여러 교회를 건축했다. 그리고 에스와티니 기독의과대학교에 약학과 실험실도 건축했다. 현재 모잠비크의 소망중고등학교에서는 2,327명, 임마누엘 소망신학교에서는 30명의 학생이 공부하고 있다.

처음에 우리는 "아니, 교회의 은행 부채를 갚지도 못하고 이자만 내는 상태에서 어떻게 여러 나라에 교회를 건축하고 또 중고등학교를 건축할 수 있습니까?"라고 물었다. 그러자 목사님은 "선교는 하나님의 명령이고, 교회는 선교를 하면서 성장해 나가지요. 교회가 돈을 모아놓고 있으면 부패하게 되고, 물질 때문에 오히려 교회에 분란이 생기게 됩니다"라고 하셨다.

이 목사님은 세계선교 화요모임을 설립하여 매주 화요일 세계선교를 위해 뜻이 있는 목사님들과 함께 기도하며 세계 여러 나라에 교회와 학교 건축을 후원하고 있다. 하나님 말씀에 순종하여 내 교회보다는 세계선교를 우선하여 구령 운동을 주도하는 교회들을 통해 더 많은 영혼이 구원받기를 간절히 소망한다.

모잠비크에 기독대학을 세우는 비전

　아프리카를 변화시키는 것은 빵이나 치료보다는 교육이라고 생각했다. '교육'이란 아이들을 가르침으로써 그들의 정신을 깨우치고, 재능을 향상시키고, 더 넓게 볼 수 있도록 시야를 키우는 것이라고 생각하며 교육선교를 시작하고 계속해왔다.

　원주민선교에 있어 현지인들이 영적 지적 능력을 겸비한 지도자들로 성장하여 스스로 자립해 나갈 수 있도록 지원해야 한다고 생각한다. 이를 위해 기도하면서 기독교육선교 방침을 병용한 결과 근래 몇 년 사이에 말라위의 원주민교회 목회자들을 통하여 기독 초·중고등학교가 설립되었고 레소토에는 초등학교가 설립되었다.

　우리가 설립한 학교마다 모여드는 학생들로 말미암아 교실이 부족할 정도로 기독교육 선교사역은 활성화되고 있다. 에스와티니 기독의과대학교 학생들은 모두가 기독교육 6과목을 이수해 학점을 받고 매주 수요일 예배에 참석해야 졸업을 할 수 있다. 아프리카의 기독교육 선교사역은 이토록 일석이조의 황금어장이다.

　아프리카 대륙에는 수많은 부족이 있고 1천여 종에 달하는 수많은 부족 언어가 있으나, 19세기 말부터 20세기 초에 걸친 서유럽 열강의 식민지배로 아프리카의 국가 대부분이 영어, 불어, 포르투갈어를 각 나라의 현지 언어와 병용한다.

그래서 우리는 효과적인 아프리카 대륙선교를 위해서 영어를 사용하는 에스와티니, 불어를 하는 콩고, 포르투갈어를 사용하는 모잠비크에 각각 기독대학교를 설립하여 크리스천 국가 지도자들을 양성하는 비전을 품고 오래전부터 기도해 오고 있다.

그중 모잠비크에는 10여 년 전 모잠비크 농림부 공무원이 "모잠비크의 농토를 개발하면 아프리카 전 인구의 식량을 공급할 수 있다"라고 말하는 것을 들은 후로 줄곧 농업대학교를 설립하기를 꿈꾸며 기도해왔다.

2018년에 아프리카 대륙선교회의 초청으로 모잠비크 마푸토 디옴바(Raimundo Maico Diomba) 주지사가 대통령의 허락을 받고 에스와티니 선교센터를 방문하여 사흘간 체류하며 여러 차례 미팅을 했다. 우리는 그와 교제하면서 남아공의 임마누엘기도원, 임마누엘 신학교, 마카다미아 선교농장, 에스와티니 기독의과대학교, 사임기독고등학교 등 교육선교의 현장을 소개했다. 큰 감동을 받고 돌아간 디옴바 주지사는 주 정부 부지사와 국장 3명을 에스와티니에 보내 교육선교 현장을 시찰하게 했다.

그 후 모잠비크 마푸토 주와 선교회가 대학교 설립협약서에 서명하게 되었는데, 협약내용은 우리 선교회에서 에스와티니에 기독대학교를 세운 것처럼 모잠비크에 '모잠비크 기독대학'이라는 이름으로 대학교를 설립하되, 선교회는 학교를 건축하며 운영하고, 건축 부지와 교직원들의 보수는 모잠비크 주 정부가 담당한다는 것이었다('기독'이라는 이름이 붙은 대학에 정부가 그런 지원을 한다는 것은 하나님의 은혜라고 말할 수밖에 없는 정말 놀라운 일이다. 그러나 대학교 건물 건축에 필요한 재정을 충당하기가 쉽지 않아 그 후로 몇 년의 시간이 흘렀다).

같은 해인 2018년, 우리는 의정부소망교회와 목회자 세계선교회의 화요모임 후원으로 모잠비크 마톨라 소망중고등학교 학교 부지에 신학교를 건축하여 모잠비크 현지인들에게 포르투갈어로 신학 공부를 시키기 시작했다. 그런데 신학생 모집이 쉽지 않아서, 신학교 건물은 크게 건축했는데 약 30여 신학생들만이 건물을 사용하는 실정이었다.

이에 교육부 대학설립 담당자에게 이 신학교 건물을 개조하여 기술대학 건물로 사용할 수 있는지를 알아봐달라고 부탁했더니 담당자가 "학교 건물을 개조하면 2022년 6월부터 학생모집을 할 수 있도록 하겠다"라고 좋은 소식을 알리며 정부의 건축설계사를 학교에 보내 구체적인 건물구조 변경안을 마련하고 설계도면을 보내왔다. 마푸토 주 정부 교육국은 "소망중고등학교가 있는 콩골로찌 지역은 인구가 많아서 기술대학교 설립이 꼭 필요한 곳"이라며 대학교 설립을 지원하겠다고 했다.

고난을 통해 만나게 하신 동역자

2020년 8월에 우리 부부가 코로나바이러스에 감염되어 병원에 입원하였을 때, 전부터 알고 지내던 젊은 콩고인 사업가 조엘 대끼(Joel NDaki) 사장이 우리에게 과일과 음료수, 그리고 음식을 보내왔다. 퇴원하여 건강을 회복한 후 우리는 그를 방문하여 감사 인사를 하고 담소를 나누었다. 그러는 중에 그가 "모잠비크에 호텔을 지어 사업을 하고 싶은데 선교사님이 모잠비크에 선교를 하시니 좀 도와달라"라고 부탁하는 것이다.

그 부탁을 듣고 남편은 예전에 마푸토주 주지사로 우리를 방문했던 디옴바씨에게 연락했다. 그는 국회의원이 되어 여당의 고위직으로 정치활동을 하고 있었는데, 연락을 받자 반가워하며 우리를 자기 집으로 초대했다. 이 자리에 조엘 대끼 사장도 동행하여 디옴바 의원에게 그를 소개하고, 이 사람이 호텔사업을 하기 원하는데 도와줄 수 있겠느냐고 하니 흔쾌히 협조하겠다고 약속했다.

마푸토를 방문하던 날 조엘 대끼 사장과 마톨라 콩골로찌 지역에 들렀다. 하나님께서 우리를 통하여 설립하신 유치원, 초등학교와 중고등학교, 신학교가 세워진 대학 부지를 방문하여 4,300여 명이 공부하고 있는 교육 현장을 차례로 둘러보고, 성령께서 주신 감동을 따라 담대하게 제안했다.

"우리는 이 신학교 건물을 개조하여 농업기술대학교로 만들 예정인데 약 5억 원 정도가 필요합니다. 그러니 당신이 호텔을 시작하기 전에 하나님의 일을 한번 해보지 않겠습니까? 모잠비크의 많은 젊은 청년들이 직장이 없어서 가난하게 살고 있는데 우리 함께 보람되고 좋은 일 한번 해봅시다."

그는 그동안 선교지 이곳저곳을 돌아보며 감동 받은 후라서 그런지 모잠비크 기독대학교 설립에 관해 자세히 설명해달라고 청했다.

모잠비크 방문을 마치고 에스와티니로 돌아오는 길에 시골 농장 지역에 설립한 참빛중학교를 방문했다. 이 학교 주변에는 20헥타르(약 7만 평) 정도의 개척되지 않은 땅이 있었는데 조엘 사장은 농장 앞에 큰 호수가 있는 것을 보고 아주 좋아하면서 자기가 바나나를 심어 큰 농장을 해보고 싶다고 했다.

남편이 처음 모잠비크 선교를 시작한 1988-1990년 당시 모잠비크는 내전 중이었다. 그때 우리는 전쟁고아들을 돕고 싶은 마음에 정부로부터 50만여 평의 농장 부지를 싼값에 구입해 놓았으나 농장을 개발할 여유가 없어서 10년이 넘도록 방치하고 있었다.

모잠비크는 토지를 샀더라도 개발하지 않고 방치하면 국가가 그 땅을 개발할 수 있는 다른 사람에게 다시 팔아버리기 때문에 농장 부지를 회수당할까 봐 걱정되었다. 마침 그 지역 주민들이 아이들 200여 명이 학교를 다니지 못하고 있으니 학교를 세워

달라고 요청해 중학교를 짓고 학생들을 모아서 공부를 가르치기 시작했다. 그러나 여전히 농장이 방치된 것을 본 정부는 결국 학교 주변의 땅 7만여 평만 남겨놓고 나머지는 회수해버렸다.

약 1억 원 정도만 투자하면 농장개발이 가능하겠는데 모잠비크 선교사역에 할 일은 많고 재정은 뒷받침이 안 되니 답답하고, 남아 있는 7만 평에 대해서도 마음이 조급해져 있었는데 이 젊은 사업가가 농장에 관심을 보이며 함께하겠다 하니 얼마나 기뻤는지…! 우리는 하나님께 감사드리고, 조엘 사장에게 함께 농장을 개발하고 이익금의 20퍼센트를 모잠비크 선교에 지원하자고 권면했다.

그동안 우리와 함께 남아공과 에스와티니의 선교 현장을 둘러보며 하나님께서 우리의 아프리카 선교를 얼마나 축복하셨는가를 듣는 동안 마음에 감동을 받은 조엘 사장은 자신이 투자하여 기독대학교 설립에 동참하고, 농장에는 바나나를 심어서 영농을 해보겠다며 큰 트랙터를 사서 농장개발을 시작하였다.

34세의 젊은 사업가 조엘 대끼 사장은 자동차를 수입, 판매하는 제법 큰 회사를 운영하고 있는데 건축업도 겸하고 있어서 대학 건물 개조와 건축에 필요한 설계사, 엔지니어 등 건축인들을 모잠비크로 데려와 일을 시작할 예정이다. 하나님의 섭리와 도우심 안에서 모잠비크 기독대학교 설립은 순조롭게 시작되고 완성되리라고 믿는다.

조엘 사장에게서 품질 좋고 가격이 저렴한 헌 타이어를 몇 번 구입한 적은 있지만 그렇게 가까운 사이는 아니었는데, 우리의 입원을 계기로 그와 가까운 친분을 맺게 되고, 그가 모잠비크 기독대학교의 공동설립자가 되어 건물 개축과 농장개발에 나서게 된 것은 우연이 아니라 하나님의 은혜요 인도하심이라 확신한다.

1985년부터 오늘까지 선교하는 동안 우리는 아프리카 현지인들로부터 재정적 도움을 받은 적이 없고 식당에 가서 함께 식사할 때도 현지인들에게 식사대접 한번 받아본 적이 없다. 그렇기에 이번에 신학교 건물을 기술대학교 건물로 개조하는 일이나 농장개발을 위해서도 사람에게 손을 벌리지 않았는데 이렇게 조엘 대끼 사장과 비전을 나누게 하시고 그와 함께 모잠비크에 기독대학교을 설립하게 하시니 놀라우신 하나님의 섭리에 감사와 찬양을 올려드릴 뿐이다.

우리는 헌신과 기도의 열매로 아프리카에 설립한 많은 학교와 에스와티니 기독대학교, 그리고 모잠비크에 설립되는 기독대학이 아프리카 전 대륙에 예수 그리스도의 복음을 널리 전파하고 문화와 문명의 꽃을 피우는 축복의 전당이 될 것을 꿈꾸며 확신한다. 할렐루야!

너희는 먼저 그의 나라와 그의 의를 구하라 그리하면 이 모든 것을 너희에게 더하시리라 마 6:33

우리는 아직도 성장 중

남편이 심장 수술을 받은 후로는 검진 차 매년 한국에 나오게 되었다. 나온 길에 사랑하는 사람들을 만날 수 있어 이때를 기다리며 사는데 2018년에는 남편이 "우리 이번에 한국에 가면 실험실 4칸을 지어야 한다"라고 하는 바람에 가고 싶은 마음이 사라지고 말았다.

"그게 얼마나 돈이 필요한데요?"

"1억."

그때부터 너무 부담되어 나는 이번에 못 갈 것 같다고 했지만 남편은 그런 소리 말라고, 같이 가야 한다고 일축했다. 그런데 출발하기 사흘 전에 내가 넘어져서 허리를 다쳐 움직이지 못할 정도가 되었다. 정말 못 가게 된 것이다. 갈 수 없게 된 것이 좋기도 한데 너무 아프니까 힘도 들고 '내가 하나님 뜻에 반항해서 이렇게 됐나' 싶어 기뻐할 수도 없었다.

그러나 내가 "나 너무 아파서 못 가겠어요. 정말이에요" 하는데도 남편이 "당신이 아파서 여기 남아 있으면 내 마음이 더 쓰이니까 가서 치료를 받자" 해서 결국 휠체어 서비스를 받으며 끌려(?)오게 되었다. 와서 회개가 되었다.

'내가 뭐라고….'

하나님께서 혹시라도 나를 조금이라도 써주시면 감사해야 하는데 내가 그동안에 뭐라도 된 것처럼, 내가 그동안 한국에 와서 뭐라도 한 것처럼 교만한 마음을 품고 나 자신을 높이 생각했던 것을 회개했다. 아파서도 잠을 이루기 어려웠지만 또한 회개하느라 잠을 못 잤다.

며칠 후 의정부의 한 기도 모임에 갔다. 기도 제목을 나눌 때 실험실 얘기를 하며 한 1억 든다고 했더니 한 장로님이 "별 거 아니네요. 500만 원씩 낼 사람 20명만 모으면 되겠네요. 500만 원이 안 되는 분은 그 파트를 맡아서 두세 명이 500을 만들면 되고요" 하셨다.

그래서 나는 안 해도 되나 했더니 "사모님도 하셔야죠. 저도 도울게요"라고 하셨다. 그래도 500만 원 낼 분 20명만 모으자는 말이 내게 없는 지혜를 주어 갈 길을 잡게 되니 용기가 생기고, 함께 돕겠다는 말에 위로가 되었다.

'그래, 나는 하나님께서 가라 하시고 갈 길을 열어주셔서 온 거잖아. 하나님이 내게 기회를 주시면 하나님이 주신 입술로 기도하고, 또 함께 기도할 동역자를 찾고 가면 되는 건데 내가 왜 그렇게 바보 같았을까?'

내가 무슨 모금을 하는 것같이 부담스러워하며 교만했던 시간이 너무 부끄럽고 자책이 되었다. 하나님께서 하라 하시는 대로 하면 되는 것이고, 그동안이나 앞으로나 내가 할 것은 아무것도 없는데 말이다.

'그래, 내가 하는 것이 아니야. 하나님이 나는 이렇게 쓰시고, 듣는 분들은 그렇게 쓰시고, 그래서 우리가 하나 되어서 하나님 나라에 쓰임받는 거지, 내가 뭘 한다고 지금까지 그렇게 부끄러운 짓을 많이 했을까….'

거듭거듭 회개했다. 그러고 나니 마음이 가벼워졌고, 마음이 가벼워지니 그렇게 아파서 나를 고생시켰던 허리 통증도 나아지면서 몸도 많이 회복됐다. 그리고 장로님의 조언대로 하니 가는 데마다 "한 구좌에 500만 원이요? 그럼 우리도 한 구좌 하지요"라는 분들을 만나게 되었다.

나는 너무 교만해서 내가 성숙한 줄 알았다. 하나님께서 그런 나를 육체적으로도 아프게 하시고, 사람들 앞에서 부끄러운 말과 행동도 하게 하시고, 마음이 강퍅해지게도 하셔서 참 부끄러웠다. 그리고 하나님의 일을 하는 동안 많은 위험과 고난, 모함과 핍박도 있어서 힘들었다.

하지만 시간이 지나면서 '아, 내가 아직도 어려서 성장하고 성숙해나가는 단계구나' 하고 깨닫게 되니 부끄러운 게 아니라 모든 것이 너무나 감사할 뿐이다. 우리는 하나님께서 "오라" 하고 부르실 때까지 날마다 성숙해지고, 성숙해져야 하는 사람들이다.

더 큰 축복

예전에 남편이 전쟁 중인 모잠비크로 선교를 다니고, 폐병과 말라리아에 걸리는 등 건강도 위험해 보이니까 독일 병원선교회 김근철 목사님(독일지부장)이 생명보험, 사고보험과 연금을 들어 주셨다. 만 65세가 되면 받게 되고, 한 번에 다 받을 수도 있고 매월 받을 수도 있는데 어느 쪽이 됐든지 선교비로 쓰지 말고 가족을 위해 쓰라고 당부하셨다.

비슷한 시기에 런던에서 목회하시는 심관섭 목사님이 교회에서 지원하는 선교비 일부를 연금으로 지원할 테니 우리 생활비 중 절약하여 얼마씩을 은퇴연금으로 들어두자고 제안하셔서 영국 보험회사의 연금에 가입했다.

2011년 9월, 비슷한 시기에 그 두 군데서 돈이 나왔다. 독일에서는 9만 유로, 영국에서는 4만 파운드 정도 나왔는데 남편이 "이건 당신이 다 가져. 당신이 어디에 쓰든지 안 물어볼게"라고 말했다.

"정말이에요?"

"다른 사람들이 우리 걱정을 많이 하니까 그러지 않도록 당신이 대책을 잘 세워봐. 쓰고 싶은데 있으면 쓰고."

한국에 들어왔을 때 나는 집 사는 데 연금을 다 쓰면 안 될 것 같아서 1억 정도에 살 집이 있을지 동생에게 의논했다.

동생이 발품을 팔아서 좋은 집을 찾았다며 잠실에 있는 작은 빌라를 보여주었다. 2억이 넘어서 동생은 전세를 끼고서라도 사두라고 했지만 나는 끌리지가 않아서 집을 포기하고 일단 아프리카로 돌아왔다.

어느 날, 남편이 대학에 급한 돈이 필요하다며 2천만 원만 빌려주면 은행 이자를 주겠다고 했다. 그래서 내줬는데 얼마 후 4천만 원이 더 필요하다고 했다. 그렇게 조금씩 가져가더니 결국 연금으로 받은 돈을 다 가져갔다.

아프리카 원주민선교를 하려고 한국 국적도 포기하고 마지막 남은 연금까지도 에스와티니 기독의과대학교 설립을 위하여 드리고 나니 외려 마음이 홀가분하고 편안해졌다. 이제 남은 것은 천국 가는 날까지 하나님께 충성만 하면 기도의 사람 조지 뮬러나 중보기도자이며 영국 웨일즈신학교의 설립자인 리즈 하월즈에게 내려주신 것 같은 축복을 주시리라 믿고 기도한다.

그동안 우리는 이런 기도를 드려왔다.

'저희를 통하여 아프리카에 500개 교회를 개척하고 100개 교회를 건축해주세요.'

그런데 하나님께서 더욱 축복해주셔서 아프리카 대륙선교회(ACM)를 통하여 1985년부터 현재까지 중남부 아프리카 여러 나라에 700여 교회를 개척했고 200여 교회를 건축해서 약 7만 8천

명의 성도가 아프리카 일곱 나라에서 하나님을 섬기고 있다. 학교도 약 20개를 세워 수많은 고아학교와 초등학교, 중고등학교와 대학교, 신학교에서 8,700여 명에게 교육의 기회를 제공하고 있다.

하나님은 그분을 모시고 그분과 가까이 지내며 주님을 위해 살고자 하는 복음의 열정을 가진 사람들을 사용하신다. 세상의 기준으로 보면 가치 없고 필요 없는 사람이어도, 잘하는 게 하나도 없어도 하나님은 그를 사용하신다.

남편과도 그런 얘기를 한다. 남편은 한국어, 영어, 독일어를 배웠으나 그중 하나도 제대로 못 한다고 말하곤 한다. 말도 빠르고 발음도 좋은 편은 아니다. 그는 못 하나 박는 것도 잘 못 한다. 그러나 하나님께서 그런 그를 복음 전파자로 사용하시고 교회와 병원과 대학을 짓게 하시는 것을 보며 하나님의 손에 붙들리면 어떤 사람이든 쓰임받는다는 것을 깨닫게 된다.

우리는 자신이 누구를 왕으로 섬기는지 정직히 돌아보아야 한다. 내 인생의 왕좌를 차지하고 있는 왕이 어쩌면 세상 권력일 수도 있고, 명예나 돈일 수도 있다. 그러나 그래선 안 된다. 예수님을 마음에 왕으로 모시고 살면서 당당하게 그분을 위해서 그분과 함께하면 어디에 가든 주님이 당당하게 큰일을 맡기시고, 보호해주시고, 그가 하는 일에도 축복해주신다.

김종양·박상원 선교사(ACM 소속) 주요활동 사항

(2022.3 현재 사역 활동 중 주요 내용 요약)

내용	기간	지역	활동
선교활동	1987. 1	말라위	말라위 정부에 선교회 등록
	1989. 3	에스와티니	에스와티니 정부에 선교회 등록
	1989. 10	모잠비크	모잠비크 정부에 선교회 등록
	1995. 3	남아공	남아공 정부에 선교회 등록
	1997. 5		임마누엘 기도원 개원
	1999. 1		임마누엘 신학교 개교
	1999. 5		임마누엘 클리닉 개원
	1999. 7	콩고	콩고 정부에 선교회 등록
	2000. 6	모잠비크	선교농장 구입
	2002. 1	에스와티니	사임기독고등학교 개교
	2002. 5		이시드라 유치원 개교
	2003. 1	모잠비크	대조제일초등학교 개교
	2003. 5	잠비아	잠비아 정부에 선교회 등록
	2004. 3	에스와티니	성실 고아학교 개교
	2006. 2		은고와네 클리닉 개원
	2007. 3		시포코시니 클리닉 개원
	2009. 2	모잠비크	소망 중고등학교 개교
	2012. 2	에스와티니	카툰자 초등학교 개교
	2013. 8		에스와티니 기독대학교 개교
	2017. 2	모잠비크	참빛 중학교 개교
	2018. 2		샤샤이 고아학교 개교
	2018. 2		소망신학교 개교
	2018. 2	레소토	레소토 정부에 선교회 등록
	2019. 2	보츠와나	보츠와나 정부에 선교회 등록

국가	에스와티니	모잠비크	남아공	콩고	말라위	레소토	총 학생수
학생 수(명)	2,000	4,500	30	500	1,500	220	8,750

아프리카 대륙선교회(Africa Continent Mission) 교회 개척 및 건축 상황

국가	개척된 교회 수	건축된 교회 수	성도 수
에스와티니	21	17	2,100
모잠비크	320	61	30,000
남아공	30	26	2,200
말라위	224	74	31,000
콩고	81	12	10,000
잠비아	26	23	1,600
레소토	13	6	900
보츠와나	2	0	150
합계	717	219	77,950

더 큰 상급을 기대하여

> 누구든지 주의 이름을 부르는 자는 구원을 받으리라 그런즉
> 그들이 믿지 아니하는 이를 어찌 부르리요 듣지도 못한 이를
> 어찌 믿으리요 전파하는 자가 없이 어찌 들으리요 롬 10:13,14

그렇다. 들어보지도 못한 이를 어떻게 믿을 수 있겠는가? 아직도 아프리카에는 복음을 듣지 못해 예수 그리스도를 구주로 믿지 못하고 죽어가는 영혼들이 너무나 많다.

큰 교회당 건물을 짓고 종교적으로 최고의 부를 자랑하던 서구의 교회들은 이제 침체되어 자기들의 교회를 지켜가기도 힘들고, 많은 교회가 문을 닫아가고 있다. 이들이 개발국에 복음을 널리 전파하는 선교를 감당해 가기는 어렵다.

우리나라 사람들은 복음의 빚을 진 자들이다. 100여 년 전, 우리나라에 복음을 심기 위해 헌신하고 희생한 외국 선교사들이 많았음을 우리는 잘 알고 있다. 이 빚을 갚기 위해 우리가 개발국의 선교사역을 감당해야 한다.

지금 우리나라도 기독교인의 수가 감소하고 있기는 하지만 아직은 기반이 튼튼한 교회가 많고 경제성장률도 상승하여 국민의 생활 수준도 우리가 고국을 떠나왔던 시절과는 비교할 수 없을 만큼 높아졌다.

사람은 다른 사람에게 선을 행하고 살 때, 나눔의 삶을 살 때 행복하다고 했다. 세상의 부귀영화를 다 누리고 살았던 솔로몬 왕도 말년에는 "사람들이 사는 동안에 기뻐하며 선을 행하는 것보다 더 나은 것이 없는 줄을 내가 알았고"(전 3:12)라고 고백했다.

2009년, 연세대학교에서 수여하는 제9회 언더우드 선교사 상의 수상자로 남편이 선정되었다는 연락이 왔다. 언더우드 선교사 상은 국내외 오지에서 헌신적으로 선교활동을 펼친 선교사에게 주어지는 상이다.

그해 10월 12일 연세대학교 루스 채플에서 시상식이 있었다. 연세대 측에서 아프리카 선교에 동참하시는 분들이 참석하도록 초대해주셔서 ACM의 동역자들이 그 자리에 많이 참석했다.

남편은 수상 소감에서 기독의대 설립에 관한 비전을 나누고 "부족한 제가 금년에 언더우드 선교상 수상자로 선정된 것은 제2의 언더우드 선교사를 스와질랜드 의대 설립에 동참시키려는 하나님의 뜻일 것"이라며 하나님께 수상의 영광을 돌렸다.

2019년 12월 22일 에스와티니 교회협의회 창립 90주년 기념으로 사회사업, 선교, 교육, 교회를 위하여 헌신한 목회자, 교육자, 선교사, 정치인, 언론인 25명과 네 기관을 선발하여 공로훈장을 수여하는 행사가 무역회관에서 있었다. 수상자는 교회협의회와 정부가 추천하고, 행정자치부 장관(Lindiwe 공주)이 수상을 대신하여 공로상을 수여했다.

수상자 25명 중 10여 명은 이미 세상을 떠난 분들이어서 자녀들이 대신하여 상을 받았다. 그들 중에는 우리가 18년 동안 모시고 살던 가메제 목사님, 바나바 라미니 전(前) 수상, 교회협의회장 마시셀라 주교, 나사렛병원 설립자인 다윗 하인스 선교사와 그의 아들 사무엘 하인스 의료선교사 등이 계셨고, 선교사 부문 수상자 중 생존해 있는 사람은 유일하게 남편 김종양 선교사뿐이었다. 기관으로는 에스와티니 성서공회, 월드비전, 에스와티니 라디오 방송국, 행정자치부가 수상기관으로 선정되었다.

행사 3주 전쯤 우리 부부와 5명 정도의 ACM 소속 목회자들에게 함께 참석해달라는 초청장이 왔다. 사전에 수상에 관한 언질을 받은 바가 전혀 없어서 우리는 아무 기대 없이 무역회관으로 가서 행사에 참여했는데 뜻밖에도 교육선교 부문 수상자로 남편을 호명하는 것이 아닌가. 사회자가 남편의 이름을 부르고 앞으로 나오라고 하여 어리둥절한 가운데 상을 받았다.

기독의과대학교를 설립하는 과정에서 온갖 핍박과 모함을 받았던 것이 오히려 축복이 되었다. 그 날 행사에 참석했던 현지인 목회자들은 하나님께서 선교사님을 에스와티니 사람들 앞에서 높이셨다고 기뻐하며 축하해주었다.

이 땅에서 받은 상은 "앞으로 구원받을 영혼이 아프리카에 너무나 많은데 그들에게 복음을 전파하여 영혼을 구원하는 일에 더욱 정진하라" 하시는 하나님의 위로와 격려라고 생각한다. 더욱 겸손으로 순종하며 우리의 목숨 다하는 그 날까지 충성하다가, 주님이 부르신 그날에 천국에서 주님께 "내 충성된 종"이라는 칭찬과 상급을 받길 원한다.

언더우드 선교상을 수상한 남편 김종양 선교사와 함께, 2009년

내가 칠순을 맞았을 때 에스와티니 이시드라교회 교인들이 축하해주는 모습, 2019년

에스와티니 교회협의회 창립 90주년 기념식 교육선교 부문 공로상 수상, 2019년

다니엘기도회, 2019년

하나님, 살리시든지 데려가든지 하세요!

초판 1쇄 발행	2022년 3월 23일
지은이	박상원
펴낸이	여진구
책임편집	최현수
편집	이영주 정선경 진효지 안수경 김도연 최은정 김아진 정아혜
책임디자인	노지현 | 마영애 조은혜
기획홍보	김영하

마케팅	김상순 강성민 허병용	**마케팅지원**	최영배 정나영
제작	조영석 정도봉	**경영지원**	김혜경 김경희

303비전성경암송학교 박정숙 최경식
이슬비전도학교 / 303비전성경암송학교 / 303비전꿈나무장학회 여운학

펴낸곳 규장

주소 06770 서울시 서초구 매헌로 16길 20(양재2동) 규장선교센터
전화 02)578-0003 팩스 02)578-7332
이메일 kyujang0691@gmail.com   홈페이지 www.kyujang.com
페이스북 facebook.com/kyujangbook   인스타그램 instagram.com/kyujang_com
카카오스토리 story.kakao.com/kyujangbook
등록일 1978.8.14. 제1-22

ⓒ 저자와의 협약 아래 인지는 생략되었습니다.
이 출판물은 저작권법에 의해 보호를 받는 저작물이므로 무단 전재와 무단 복제를 할 수 없습니다.

본문에 'Mapo당인리발전소' 서체가 사용되었습니다.

책값 뒤표지에 있습니다.
ISBN 979-11-6504-309-4 03230

규 | 장 | 수 | 칙

1. 기도로 기획하고 기도로 제작한다.
2. 오직 그리스도의 성품을 사모하는 독자가 원하고 필요로 하는 책만을 출판한다.
3. 한 활자 한 문장에 온 정성을 쏟는다.
4. 성실과 정확을 생명으로 삼고 일한다.
5. 긍정적이며 적극적인 신앙과 신행일치에의 안내자의 사명을 다한다.
6. 충고와 조언을 항상 감사로 경청한다.
7. 지상목표는 문서선교에 있다.

하나님을 사랑하는 자 곧 그의 뜻대로 부르심을 입은 자들에게는 모든 것이 合力하여 善을 이루느니라(롬 8:28)

규장은 문서를 통해 복음전파와 신앙교육에 주력하는 국제적 출판사들의
협의체인 복음주의출판협회(E.C.P.A:Evangelical Christian Publishers
Association)의 출판정신에 동참하는 회원(Associate Member)입니다.